日本の学校教育はどこに向かおうとしているのか

2030年の学習指導要領実施に向けた中教審諮問を徹底分析！

佐藤明彦
Sato Akihiko

東洋館出版社

はじめに

２０２４年12月25日、文部科学大臣から中央教育審議会に向けて、次期学習指導要領に関する諮問が行われました。約10年に1回改訂される学習指導要領について審議を要請する諮問です。順調に行けば約2年後には審議結果として「答申」が公表され、その数か月後には新しい学習指導要領が公示されます。そして、２０３０年ごろには新しい学習指導要領に基づく教育が、本格的にスタートするものと思われます。

今般の改訂は、日本の教育を大きく変える可能性を秘めている――筆者はそう捉えています。一部には、「アクティブ・ラーニング」を謳った10年前の諮問に比べてインパクトに欠けるといった声も聞かれますが、その行間を細かく読み込んでいくと、これまで以上にドラスティックな改革が見えてくるように思います。

批判をおそれずに言えば、日本の学校は現在まで幾多の改革を経てはきたものの、根本的な構造や土台はほとんど変わらないまま、明治期から約１５０年間つづいてきました。「そんなはずはない。さまざまな改革が行われ、少なからず変化してきたはずだ」と反論する人もいると思います。しかし、黒板とチョークを使った一斉授業、教科書を授業の中心軸に据えた教育課程は、それこそ明治時代からほとんど変わっていません。喩えて言うなら、築150年の建物にさまざまなリノベーションを施しながら現在に至っているというのが、制度としての日本の教育の姿だということです。

そんな教育のあり方が、今回の大臣諮問にはじまる学習指導要領の改訂によって、大きく変わろうとしています。築150年の建物本体をスクラップして新たな建造物を建てる、そんな巨大なプロジェクトがいま、動き出そうとしているのだと筆者は捉えています。

そもそも次期学習指導要領は2040年ごろ、今から15年ほど先の未来まで使われるわけです。現行学習指導要領の焼き直し的なものに終始すれば、時代に取り残されたものになってしまいかねません。中央教育審議会にはそうした視点で今回の諮問を受け止め、批判をおそれることなく、大胆な未来予想図を描いてほしいと期待しています。

思い返せば、2002年実施の学習指導要領のころから、知識を習得するにとどまらず、知識を活用しながら問題を解決したり、新しいものを創造したりする力を育成することの必要性が指摘されてきましたし、文部科学省もその方向へと舵を切っていました。

ところが、猛烈な「ゆとり教育批判」が吹き荒れると、当時の改革は後退を余儀なくされ、日本の教育は再び知識重視へと針が振れることになります。私見を述べれば、その結果として日本の教育改革は世界各国から後れを取り、それは少なからず日本経済、国民の幸福度にも負の影響を及ぼしたように思います。

しかし、現代社会を生きていくなかで、問題解決力や創造力が不可欠な状況に変わりはありません。そのため、文部科学省では２０２０年実施の学習指導要領において、「資質・能力の三つの柱」を示し、学校教育に新たな視点を提示しました。これは、（詳しいことは本章のなかで述べますが）「知識及び技能」の習得を重視した教育から、それらを活用する「思考力、判断力、表現力等」を重視した教育へと、本格的に舵を切ったとも言えます。これは「ゆとり教育」と揶揄された２００２年実施の学習指導要領からつづく改革への再チャレンジであると筆者は捉えています。

幸いにして、現行の学習指導要領は大きな批判にさらされることなく、実施から丸５年を迎えました。その一方で、教育現場への浸透という点では、まだまだ不十分なところもあります。そもそも現場の教員が忙しすぎて、改革に取り組んでいる余裕がない状況もあります。

しかし、このチャンスを失えば、２０４０年の先まで日本の教育界は築１５０年の旧校舎を使いつづけることになります。だからこそ、改革に取り組めるだけの余白を現場につくるとともに、「今般の改革がなぜ必要なのか」を、関係者だけでなく、広く一般国民にも周知していく必要があります。

本書は、そうした問題意識のもと、学びの変革を完遂させるべく出された今回の大臣諮問において、ポイントとなる部分を示したうえで、それぞれどのような未来予想図を思い描いて記述されたものなのかをわかりやすく解説するものです。

「わかりやすく」伝えることを目指しているため、学術研究の観点から見れば至らぬ点は多々あると思いますし、やや個人的見解が突っ走る部分もあるとは思います。また、フォーカスするポイントのなかには、すでにご存じの用語・概念も多いと思いますが、一つ一つの解像度を高め、曖昧さを消し去っていくような意識で読み進め、日本の学校教育がどこに向かおうとしているのか、未来予想図のアウトラインを理解する一助にしていただければと思います。

まず〈全文と注釈〉では、前述した中央教育審議会への文部科学大臣諮問において、筆者が気になったところを太字にし、注釈を加えた諮問全文を掲載します。

第1章では、学校教育のあり方を論じる前に、今後の日本・世界がどう変化していくのか、その展望を考察していきます。筆者自身は過去20年以上、全国各地の学校を取材してきた一方、自営でプロダクションを経営し、金融機関や大手メーカー・ゼネコンなどの民間企業の関係者とも多くの仕事・取引をしてきました。

近年、民間企業の多くがＩＴ化や個人情報保護、コンプライアンス、ダイバーシティーなど多くの課題と向き合いつづけてきましたが、筆者自身はそれらに関連する教材制作なども手がけるなかで、経済社会の変化を目の当たりにしてきました。第1章ではそうした知見なども踏まえ、「社会」がどのように変化していくのかを考察していきたいと思います。

第2章では、第1章で述べた変化を前提とした場合、そうした社会を担えるようになるために、国はどのような「学力（資質・能力）」を子どもたちに求めているのかについて考えていきます。ここで言う「社会を担う」とは、職業人として経済の維持・発展に寄与するという文脈にとどまらず、人として、一市民として幸せに暮らすための「資質・能力」という意味も含めたものです。

第3章では、第2章で述べた学力（資質・能力）を育成するために、国はどのような改訂を目指そうとしているのかについて述べていきます。実は、この章で挙げている取組の多くは、すでに一部の学校が実践しているものです。とはいえ、実践しているのはごく一握りにすぎず、そうした取組を全国へ広げていく必要があると考えています。

第4章では、今後の実践を充実していくうえでカギを握る「教育ＤＸ」（デジタル・トランスフォーメーション）について、最新の動向や課題を述べていきます。教育のデジタル化に対しては批判的・懐疑的な方もいると思いますが、これを広げていくことで何がどう変わるのか、教員の業務効率化も含め紹介していきたいと思います。

一方で、第3～4章で挙げた改革を遂行するには、乗り越えなければならない「壁（課題）」もあります。そこで最終章である第5章では、そうした数々の課題を取り上げ、どのように乗り越えていけばよいか、その糸口を探っていきます。

人間はとかく変化を嫌う生き物で、「現状維持」「前例踏襲」を好みます。しかし、グローバル社会が急速かつ劇的に変化するなかで何の変化も起こさずにいれば、時代に取り残され、経済的にも精神的にも豊かさを失うことになりかねません。

私たちはいま、豊かさを当たり前のものとして享受しながら生活していますが、長い歴史を振り返れば、国民が豊かに暮らせていた時代というのは、高度経済成長期以降のごくわずかな期間にすぎません。明治～大正期の農村の暮らしは目も当てられないほどに貧しく、多くの子どもが奉公に出されるなどしました。その後は戦時下に突入し、多くの国民が貧しい暮らしのなかで塗炭の苦しみを味わい、東京や広島、長崎など多くの都市が焦土と化しました。

そうした状況があったなかで、奇跡的な経済復興を遂げることができたのは、先人たちの涙ぐましい努力があったからです。そして、人材配置の最適化を核とした日本の教育システムも、大量生産・大量消費社会を支えるインフラとして機能してきました。

しかしいま、そんな社会を支えてきた学校教育のあり方が、時代が変化するなかで機能不全を起こしはじめています。このまま築150年の建物に安住しつづければ、倒壊して下敷きになってしまう可能性すらあるのです。

時代はいま、そうした局面を迎えている――そんな危機意識をもって本書を読み進めていただけたら幸いです。

2025年3月吉日　教育ジャーナリスト　佐藤　明彦

〈目次〉

第2章　国はどのような「学力（資質・能力）」を子どもたちに求めようとしているのか

第3章　国はどのような改訂を目指そうとしているのか

第4章 国は教育現場におけるデジタル活用をどのように考えているか

第5章 日本の学校教育が乗り越えていくべき壁はなにか

〈全文と注釈〉

次期学習指導要領
改訂に係る
中央教育審議会への
文部科学大臣諮問

文科初第１８５５号
中央教育審議会

次に掲げる事項について、別添理由を添えて諮問します。

初等中等教育における教育課程の基準等の在り方について

令和６年12月25日
文部科学大臣臨時代理　中根　順子

【1】急速な少子化・高齢化とそれに伴う生産年齢人口の減少は、日本社会が避けて通れない課題と言われています。これが加速することで、学校教育にはどのような影響が出るのか、「短期」「中期」「長期」的な状況を展望します。

→第１章［Question 02］急速な「少子化・高齢化」は教育界になにをもたらすのか

（理由）

深刻さを増す少子化・高齢化[1]、協調・競争と分断・対立により混迷の度を増すグローバル情勢、気候変動に伴う自然災害の激甚化、生成AIなどデジタル技術の発展といった大きな変化があいまって、社会や経済の先行きに対する不確実性[2]がこれまでになく高まっています。これからの我が国を担う子供たちは、激しい変化が止まることのない時代を生きることになります。「人生100年時代」の到来や労働市場の流動性の高まり[3]、マルチステージの人生モデルへの転換により、生涯にわたって主体的に学び続け、自らの人生を舵取りする力を身に付けることの重要性が増しています。国外に出て行く機会も増える一方、日本社会の内なるグローバル化[4]が進展し、デジタル化の負の側面等〈原注〉いわゆる「フェイクニュース」の影響や「フィルターバブル」「エコーチェンバー」

[2]「予測困難な時代」「VUCA（ブーカ）時代」など、最近は社会の不確実性を表現する言葉がよく使われています。具体的に何がどう「不確実」で「予測困難なのか、解像度を高めて考察します。

→第1章 [Question 01] 私たちはどのような時代を生きているのか

[3] 労働市場の「流動性」とは具体的にどのようなものなのでしょうか。それが「高まる」ことで、社会はどのような状況に陥り、どのような対応が必要なのでしょうか。少し掘り下げて解説したいと思います。

→第1章 [Question 04] 労働市場の「流動性」が高まるとは具体的にどういうことか

[4] 在留外国人の増加に伴い、日本国内の多様化・多国籍化が著しく進んでいます。今後の見通しを踏まえつつ、そうした社会でどのような人材が必要なのか、「グローバル人材」の再定義も含め考えます。

→第1章 [Question 03] 日本社会の「内なるグローバル化」はなにをもたらすのか／第2章 [Question 14]「グローバル人材」のあり方はどのように変化しているのか／第3章 [Question 24]「海外留学」がグローバル人材育成に資するために必要なことはなにか

ンバー」といった現象が指摘されている。）が顕在化する中、[5]**社会の分断**の芽を指摘する声もあります。異なる価値観を持つ多様な他者と、当事者意識を持って対話を行い、[6]**問題を発見・解決できる、**[7]**「持続可能な社会の創り手」**を育てる必要性がこれまで以上に高まっていると考えられます。

生成ＡＩなどデジタル技術の発展は、変化に伴う困難や負担を個人や社会に強いるだけではなく、多様な個人の思いや願い、意志を具現化し得るチャンスを生み出している側面もあります。生産年齢人口が急減する中、テクノロジーを含むあらゆる資源を総動員して、全ての子供が多様で豊かな可能性を開花できるようにすることが、我が国の未来のために不可欠です。

また、芸術やスポーツを通じた豊かな心身の育成を含め、多様な個人が幸せや生きがいを感じると同時に、地域や社会全体でも幸せや豊か

[5] 例えば、いじめの問題も社会の分断によって生じる問題の一つです。新しい教育課程の編成を通じ、この問題をどう改善・解消していくかも、大切な視点だと言えます。

→第5章［Question 45］教育課程と結びつけて考えたとき、「いじめ」の問題をどうとらえるべきか

[6] 諮問では、問題を「解決」する力だけでなく、「発見」する力も必要だとしています。問題を「発見」するとは具体的にどういうことか、なぜそうした力が必要なのかについて掘り下げます。

→第2章［Question 09］問題を「解決」するだけでなく、「発見」する力が必要なのはなぜか

[7] 「令和の日本型学校教育」を提唱した中央教育審議会の答申、第４期教育振興基本計画でも登場したこの言葉が、今回の大臣諮問にも登場しました。実際にどのような人材なのか、核となる概念は何なのかを整理しておきたいと思います。

→第2章［Question 08］「持続可能な社会の創り手」とは、具体的にどのような人材なのか

[8] 最近、教育界でもよく聞かれるようになった「ウェルビーイング」ですが、一部には「なぜ、そんな

さを享受できるよう、教育を通じて、調和と協調を重視する[8]**日本社会に根差したウェルビーイングの向上を図る**ことが必要です。

　こうしたことを総合的に勘案しつつ、子供たちが社会で活躍する２０４０年代を展望するとき、初等中等教育が果たすべき役割はこれまで以上に大きいと考えられます。これまでのよい部分を継承し、課題を乗り越え、高等教育との接続改善や国際的な潮流にも配慮しながら、[9]**新たな時代にふさわしい在り方**を構築する必要があります。

　学校現場の状況に目を転じれば、平成29（２０１７）年から平成31（２０１９）年にかけて改訂した現行学習指導要領では、「[10]**社会に開かれた教育課程**」を理念に掲げ、全ての教科等を「知識及び技能」、「[11]**思考力**、判断力、表現力等」、「学びに向かう力、人間性等」という三つの資質・能

当たり前のことを今さら強調するのか」との声も聞かれます。この言葉が用いられていることの意味を今一度再確認しておきたいと思います。

→第１章［Question 07］**いまさらなぜ「ウェルビーイング」などという言葉をもち出してきたのか**

[9] 今回の中教審への大臣諮問は、２０２３年に公表された「第４期教育振興基本計画」の流れを汲んでいます。この計画には冒頭、明治初期に制定された「学制」が登場します。「新たな時代にふさわしい」教育を考えていくうえで、あえてこの言葉を出してきたのはなぜか、その真意を探ります。

→第１章［Question 05］**「学制１５０年」という言葉を、教育振興基本計画に登場させた真意とはなにか**

[10] 現行学習指導要領において、最上位目標として掲げられている言葉と言っても過言ではないのが「社会に開かれた教育課程」です。果たして次期学習指導要領にも同じ文言が登場し、その理念が引き継がれるのか、見通しを展望します。

→第３章［Question 15］**「社会に開かれた教育課程」は次期改訂でも引き継がれるのか**

[11] 改めて考えてみると「思考力」という言葉は、非

力の柱で整理し、「何を学ぶか」だけではなく、[12]**「何ができるようになるか」を明確化するとともに、「どのように学ぶか」の重要性を強調**し、「主体的・対話的で深い学び」の視点からの授業改善の必要性を示しました。

こうした中、全国の学校は、新型コロナウイルス感染症による様々な制約に苦しみながらも、GIGAスクール構想による1人1台端末環境も活用し、精力的な授業改善を行ってきました。全国学力・学習状況調査における地域間格差は縮小傾向にあり、OECDのPISA調査でも高位層の割合が増え、低位層の割合が減るなどの改善も見られています。世界に冠たる我が国の初等中等教育は、質の高い教師の努力と熱意に支えられ、大きな成果を上げ続けています。

一方で、様々な課題も顕在化していることに

常に抽象的です。この言葉をどのように捉えるべきなのか、改めて整理して考えます。

→第2章［Question 10］「思考力」という曖昧な概念をどうとらえたらよいのか

[12] 現行の学習指導要領は、「何を学ぶか」だけでなく、「何ができるようになるか」「どのように学ぶか」まで示した点が、最大の特色と言われます。これが何を意味するのか、具体的に掘り下げます。

→第2章［Question 11］学習指導要領が「目標」「内容」以外の要素を盛り込んだのにはどんな意図があるのか

[13] 不登校が34万人を超える現状や学力格差が貧困格差につながっている現状を考えれば、教育課程の改善を通じて子どもが学びに向かえるようにすると同時に、「学びのセーフティネット」をどのように構築していくかも重要な課題です。

→第3章［Question 29］教育課程を改善するのと並行して「学びのセーフティネット」をどう拡充するか／第5章

目を背けるわけにはいきません。

一点目として、学ぶ意義を十分に見いだせず、主体的に学びに向かうことができていない子供が多くなっています。我が国の子供の幸福度が国際的にも低いとのデータもあります。**大幅に増加している不登校児童生徒**[13]をはじめ、特別支援教育の対象となる児童生徒や**外国人児童生徒**[14]、特定分野に強い興味や関心を示したり、特異な才能のある児童生徒への支援の充実とともに、多様性を包摂し、一人一人の意欲を高め、可能性を開花させる教育の実現が喫緊の課題です。

これらに正面から向き合うことは、我が国の社会及び教育の積年の課題でもある「正解主義」や**「同調圧力」**[15]への偏りから脱却するとともに、民主的かつ公正な社会の基盤として学校を機能させ、**社会の分断や格差の拡大を防ぎ**[16]、共生社会を実現する観点からも極めて重要です。

[Question 44] 激増する「不登校」問題とどのように向き合えばよいか

[14] 新しい教育課程を考えるにあたっては、増加をつづける外国人児童生徒や日本語指導を必要とする児童生徒の状況も踏まえる必要があり、どのようなスタンスでこの課題と向き合っていくべきかを考えます。
→第5章 [Question 47] 外国人児童・生徒が増加しつづけている状況とどう向き合えばよいか

[15]「令和の日本型学校教育」を提唱した中央教育審議会の答申で示された「同調圧力」という言葉が、大臣諮問でも再登場しました。これが強く働くことの何が問題なのか、掘り下げて考えます。
→第2章 [Question 12]「同調圧力が働くこと」のなにが問題なのか

[16]「一億総中流」と言われた時代は終焉し、現在は格差が大きな課題となっています。格差の解消や子どもの貧困への対応は、学校教育における大きな課題でもあり、どのような施策・支援が必要かを考えるうえでも、現状を整理しておきます。
→第5章 [Question 48]「子どもの貧困」をめぐる現状はどうなっているか

二点目として、習得した知識を現実の事象と関連付けて理解すること、生成ＡＩには扱えない概念としての知識の習得や深い意味理解をすること、自分の考えを持ち、根拠に基づいて他者に明確に説明すること、自律的に学ぶ自信がある生徒が少ないこと等に依然として課題が見られます。子供の社会参画の意識、将来の夢を持つ子供の割合等についても、一部改善傾向も見られるものの国際的に見て低い状況が続いています。こうしたことを踏まえれば、全体としては、現行学習指導要領の理念や趣旨の浸透は道半ばです。

三点目として、[17]**GIGAスクール構想による1人1台端末**やクラウド環境等のデジタル学習基盤（以下「デジタル学習基盤」という。）は、一人一人

[17] コロナ禍が契機となって配備された「1人1台端末」ですが、活用状況には地域差や学校差があります。次期学習指導要領が目指す資質・能力を育成するためにも、教育のデジタル化は不可欠と言われており、

の興味や関心に応じ、よさを伸ばし、困難の克服を助ける大きな可能性を秘めていますが、その効果的な活用は緒に就いたばかりです。我が国のデジタル競争力は他国の後塵を拝しており、社会全体の生産性や創造性を高めていく観点からもデジタル人材育成の強化は喫緊の課題です。その一方で、実体験の格差やデジタル化の負の側面等を指摘する声もあります。「デジタルかリアルか」、「デジタルか紙か」といった**二項対立**[18]に陥らず、「デジタルの力でリアルな学びを支える」との基本的な考えに立ち、バランス感覚を持って、積極的に取り組む必要があります。

こうした課題に取り組む上で、教師の努力と熱意に対して過度な依存をすることはできず、教育課程の実施に伴う負担への指摘に真摯に向き合うことが必要です。令和6（2024）年8月の中央教育審議会答申〈原注〉「『令和の日本型学

現状の課題等を整理します。
→第4章［Question 31］「1人1台端末」の活用はいまのままでよいのか

［18］今回の大臣諮問では「紙かデジタルか」の二項対立を取り上げていますが、日本の教育界では長らく、「系統主義か、それとも経験主義か」などと二項対立的に論じられてきました。この二つの考え方を整理したうえで、現状をどう捉えるべきかを考えます。
→第1章［Question 06］今度の改革は「系統主義」から「経験主義」への転換を目指すものなのか

校教育』を担う質の高い教師の確保のための環境整備に関する総合的な方策について」（答申）（中教審第２５１号））に基づく教師の勤務環境整備と整合性を持たせ、「令和の日本型学校教育」を持続可能な形で継承・発展させることを前提としつつ、これからの時代にふさわしい学習指導要領の在り方について諮問を行うものであります。

具体的には、以下の事項を中心に御審議をお願いします。

第一に、より質の高い、深い学びを実現し、資質・能力の育成につながると同時に、分かりやすく、使いやすい学習指導要領の在り方についてです。具体的には、以下の事項などについて御検討をお願いします。

○生成ＡＩが飛躍的に発展する状況の下、個別の知識の集積に止まらない概念としての習得や深い意味理解を促すとともに、学ぶ意味、**社会やキャリアとのつながりを意識した指導**[19]が一層重要となる中、そうした授業改善に直結する学習指導要領とするためにどのような方策が考えられるか。特に、各教科等の中核的な概念等を中心とした、目標・内容の一層分かりやすい構造化をどのように考えるか。

○各教科等の目標・内容の記載に表形式等を活用すること、学校種間・教科等間の関係を俯瞰しやすくすることのほか、デジタル技術を活用したユーザビリティやアクセシビリティの向上の観点からどのような工夫が考えられるか。

○学習指導要領における重要な理念の関係性をどのように整理すべきか。その際、「主体的・対話的で深い学び」や「個に応じた指導」、

【19】「キャリア教育」という言葉が使われるようになって久しいですが、大臣諮問でも「学び」を社会につなげていく指導の必要性を指摘しています。そうした学びを生かす場づくりを含め、理にかなったキャリア教育の在り方を再考します。
→第3章【Question 22】「キャリア教育」にはどのような課題があるか

「[20]個別最適な学びと協働的な学びの一体的な充実」〈原注〉現行学習指導要領の告示後の令和3（2021）年1月に、「『令和の日本型学校教育』の構築を目指して」（答申）（中教審第228号）で示された。）との関係をどのように考えるか。また、「学習の基盤となる資質・能力」については、情報活用能力の育成の重要性が高まっていることも踏まえ、どのように整理や明確化を行うべきか。

○デジタル学習基盤の活用を前提とした、資質・能力をよりよく育成するための各教科等の示し方についてどのように考えるか。

○[21]学習評価について、子供の学習改善や授業改善、教師の力量形成に一層効果的なものとなるよう、評価の観点や頻度、形成的・総括的評価の在り方も含め、どのような改善が必要か。特に、「主体的に学習に取り組

[20] 2021年に「令和の日本型学校教育」を提唱した中央教育審議会の答申で示された学びのあり方です。この二つの学びを一体的に充実させていくことが必要とされ、その考え方は次期学習指導要領にも引き継がれる見通しです。改めて、どのような学びなのかを整理します。

→第3章［Question 19］子どもの学びをなぜ、「個別最適化」する必要があるのか／第3章［Question 20］「協働的な学び」のもつポテンシャルを引き出すにはどんなことが必要か

[21] いくら学びの変革を進めようとしても、学習評価が変わらなければ、変革は画餅に帰す可能性があります。学習評価は、学びのあり方を決定づけると言っても過言ではありません。その意味で、どのような評価システムが必要なのかについて考察します。

→第3章［Question 21］「学習評価」はなぜ、むずかしいのか

む態度」をはじめ観点別学習状況の把握をより豊かな評価につなげるためのどのような改善を行うべきか。

第二に、[22]**多様な個性や特性、背景を有する子供たちを包摂する柔軟な教育課程**の在り方についてです。具体的には、以下の事項などについて御検討をお願いします。

○興味・関心や能力・特性に応じて子供が学びを自己調整し、教材や方法を選択できる指導計画や学習環境のデザインの重要性、デジタル学習基盤を前提とした新たな時代にふさわしい学びや教師の指導性についてどのように考えるか。

○各学校や教育委員会の創意工夫を最大限引き出し、子供一人一人の可能性が輝く柔軟な教育課程編成を促進する観点から、教育

[22] この部分は、今後の中央教育審議会でどのような議論が展開され、どのような答申が示されるのか最大の注目点と言えます。教育課程の編成について、どのくらい現場の裁量に任せるのか、標準授業時数にまでメスを入れるのか、注目されます。

→第3章［Question 30］「柔軟な教育課程」といったとき、どこまで教育現場の裁量に委ねるのか

課程特例校制度や授業時数特例校制度等を活用しやすくすること、各教科等の標準授業時数に係る柔軟性や学習内容の学年区分に係る弾力性を高めることのほか、単位授業時間や年間の最低授業週数の示し方についてどのように考えるか。その際、これらが教師に「余白」を生み、教育の質の向上に資する可能性をどのように考えるか。

○[23]**高等学校の生徒の多様性に応える柔軟な教育課程**の実現のため、共通性を確保しつつ、全日制・定時制・通信制を含め、諸制度の改善をどのように考えるか。

○不登校児童生徒や特定分野に特異な才能のある児童生徒など、各学校が編成する一つの教育課程では対応が難しい子供を包摂するシステムの構築に向け、教育課程上の特例を設けること等についてどのように考え

【23】今回の大臣諮問に、大学入試に関する直接的な文言はありませんが、文部科学省では長年にわたり「高大接続改革」を進めてきました。大学入試をどうするかは次期学習指導要領のあり方を考えるうえでも重要で、その現在地を確認しておきます。

→第3章［Question 25］「**大学入試改革**」はいま、どの段階まできているのか

るか。

第三に、これからの時代に育成すべき資質・能力を踏まえた、各教科等やその目標・内容の在り方についてです。具体的には、子供の学びや生活の実態も踏まえつつ、以下の事項などについて御検討をお願いします。

○生成ＡＩをはじめデジタル技術が飛躍的に発展する中、小中高等学校を通じた[24]**情報活用能力の抜本的向上**を図る方策についてどのように考えるか。小学校では各教科等において、中学校では技術・家庭科、[25]**高等学校では情報科**を中心として情報活用能力の育成が行われているが、[26]**その現状と課題**、海外との比較を踏まえた今後の具体的な充実の在り方をどのように考えるか。その際、[27]**生成ＡＩ等の先端技術等に関わる教育内容**

【24】 今回の大臣諮問で、ことさら強調されているのが「情報活用能力」の育成です。現行の学習指導要領にも登場するこの言葉が、改めて強調されたのはなぜなのか、その背景を考えます。
→**第2章** ［Question 13］ **ことさら「情報活用能力」が強調されているのはなぜか**

【25】 高校の「情報Ⅰ」は、2025年1月の大学入学共通テストで、はじめて実施されました。今後は入試科目という位置づけを超えて、小・中・高を通じた情報活用能力の育成という文脈のなかで、担う役割を考えていく必要があります。
→**第4章** ［Question 37］ **高校に新設された「情報Ⅰ」には、どのような役割が課されているのか**

【26】 情報教育における課題のなかで注目されることの一つは、現行学習指導要領から全校種必修となった「プログラミング教育」です。次期学習指導要領において、これをでどのように扱っていくべきなのかを考えます。
→**第4章** ［Question 33］ **「プログラミング教育」は、次期学習指導要領でも扱われるか**

【27】 諮問文には「生成ＡＩ」という言葉が繰り返し出

の充実のほか、情報モラルやメディアリテラシーの育成強化について教科等間の役割分担を含めどのように考えるか。

○**質の高い探究的な学び**[28]を実現するための「総合的な学習の時間」、「総合的な探究の時間」の改善・充実の在り方をどのように考えるか。その際、情報活用能力の育成との一体的な充実や**教科等横断的な学びの充実**[29]をどのように考えるか。

○高等教育段階でデジタル・理数分野への学部転換等の取組が進む中、初等中等教育段階における文理横断・文理融合の観点からの改善についてどのように考えるか。

○**外国語教育**[30]について、小学校高学年の外国語科を導入する等、小学校から高等学校まで大幅に充実がなされた中、生成ＡＩの活用を含め、今後の在り方をどのように考え

てきます。その多くは「生成ＡＩ」には代替できない資質をどう育成するかというものですが、この箇所では「生成ＡＩという最先端技術を学校教育のなかでどう扱っていくべきか」について述べています。この点について、今後を展望します。

→**第4章［Question 39］「生成ＡＩ」を学校教育にどう取り入れていくべきか**

［28］ 探究的な学びは、現行学習指導要領においてその重要性が強調されましたが、大臣諮問ではその「質」を高めていくことが必要だと述べています。今一度「探究的な学び」とはどのようなものか、具体例も含め確認します。

→**第3章［Question 17］探究の「質」を高めるとは具体的にどういうことか**

［29］ 現行学習指導要領で「カリキュラム・マネジメント」の一環として求められているのが「教科等横断的」な視点での教育課程の編成・実施です。「教科」という高い壁をどう乗り越えればよいかを考えます。

→**第3章［Question 18］「教科」という壁を乗り越えて、子どもの学びをつなぐにはなにが必要か**

［30］ 日本の外国語（英語）教育に対しては、以前から

るか。また、手軽に質の高い翻訳も可能となる中、外国語を学ぶ意義をどのように考えるか。

○教育基本法、学校教育法等に加え、こども基本法の趣旨も踏まえつつ、[31]**国家や社会の形成者として、主体的に社会参画するための教育**の改善についてどのように考えるか。

○高等学校教育について、国語科、数学科をはじめ、多くの教科・科目の構成の改善が行われた中で、その一層の定着を図るとともに、職業教育を含め、現状・課題や就業構造の変化等も踏まえた今後の改善をどのように考えるか。

○[32]**インクルーシブ教育システムの充実**に向け、合理的配慮の提供を含め、障害のある子供たち一人一人の教育的ニーズに応じた、質の高い特別支援教育の在り方をどのように

多くの課題が指摘されており、小学校の「外国語」「外国語活動」の導入など、さまざまな改革が進められてきました。いったいなにが問題なのか、状況を整理します。

→第3章［Question 23］子どもたちが、「英語の活用力」を獲得するにはなにが必要か

[31] こうした資質を育成するには、学習指導のあり方を変えると同時に、生徒指導のあり方を変える必要があります。2022年に改訂された「生徒指導提要」の基本理念も確認しながら、「国家や社会の形成者」を育成するための学校のあり方を考えます。

→第3章［Question 27］学びを学習者主体にするには、学習指導だけでなく生徒指導の改善も必要となるのはなぜか

[32]「分離教育」が加速する日本の学校は、インクルーシブ教育システムの観点から見ると、異常な状態であると国際的には見られています。この理念の実現が、次期指導要領にどのように関連しているのかを考えます。

→第3章［Question 26］世界的に見れば異質だとされる、日本の「特別支援教育」をどう考えればよいか

考えるか。その際、特別支援学級や通級による指導に係る特別の教育課程の質の向上、自立活動の充実や小中高等学校に準じた特別支援学校での改善方策をどのように考えるか。

○「幼保小の架け橋プログラム」の成果と課題を踏まえつつ、幼児教育では「環境を通して行う教育」が基本であることにも留意し、幼児教育と小学校教育との円滑な接続の改善についてどのように考えるか。また、設置者や施設類型を問わず、幼児教育の質の向上を図る共通的方策についてどのように考えるか。

第四に、[33]**教育課程の実施に伴う負担への指摘に真摯に向き合う**ことを含む、学習指導要領の趣旨の着実な実現のための方策等についてです。

[33] 学習指導要領の改訂に向けた諮問で、教師の多忙化解消に触れるのは異例のことです。これは、教師の過重業務の解消なくして、新しい教育課程の理念は実現し得ないという考えに基づいています。働き

具体的には、以下の事項などについて御検討をお願いします。

○教育課程の実施に伴う教師の負担や負担感がどのような構造により生じているのか、学習指導要領や解説、教科書、入学者選抜の影響、教師用指導書も含めた授業づくりの実態等を全体として捉えた上で、[34]**教育課程の実施に伴う過度な負担や負担感が生じにくい在り方**をどのように考えるか。

○年間の標準総授業時数を現在以上に増加させないことを前提としつつ、その在り方についてどのように考えるか。あわせて、現代的な諸課題を踏まえた様々な教育の充実について、教育課程の実施に伴う負担への指摘等に留意しつつ、どのように考えるか。

○教科書の内容が充実し分量が増加した一方、網羅的に指導すべきとの考えが根強く存在

方改革の本丸とも言われる「部活動」、各地で起きている「教師不足」の問題も含め、過重業務解消に向けた今後を展望します。

→第5章［Question 41］教員の「ワーク・オーバーロード」を解消するにはなにが必要か／第5章［Question 42］「部活動」の負担軽減に向けてどんなことができるか／第5章［Question 43］「教員不足」の問題を打開する策にはなにが考えられるか

[34] 諮問文では直接的な表現は使われていませんが、2024年9月に文部科学省の有識者会議がとりまとめた「論点整理」に「カリキュラム・オーバーロード」という言葉が登場します。「論点整理」では、教師の「ワークオーバーロード」とは分けて考える必要があると述べていますが、この点を一歩踏み込んで考えます。。

→第5章［Question 40］「カリキュラム・オーバーロード」を解消するうえで押さえておくべきことはなにか

し、負担や負担感を生んでいるとの指摘がある中で、[35]**新たな学びにふさわしい教科書の内容や分量、デジタル教科書等の在り方**をどのように考えるか。
○情報技術など変化の激しい分野において、[36]**教師の負担を可能な限り軽減しつつ、最新の教育内容を扱うことを可能とする方策**についてどのように考えるか。
○各学校における創意工夫ある柔軟な教育課程編成を促進し、多様な取組の展開に資するよう、[37]**教育DXの一層の推進**を含む教育委員会に対する支援の強化、指導主事等の資質・能力の向上の在り方についてどのように考えるか。
○「社会に開かれた教育課程」を持続可能な形で実現できるよう、[38]**コミュニティ・スクールを含む地域や家庭との連携・協働**を促進

[35] 1人1台端末が配備されたことで、学習者用デジタル教科書の普及が進んでいます。一方、これを活用・普及させていくにはさまざまな課題があり、デジタル時代の教科書をどのように位置づけていくかについて考えます。
→**第4章［Question 32］「学習者用デジタル教科書」と紙の教科書は併存し得るのか**

[36] 教師の負担軽減に向けて、期待を寄せられているものの一つが「校務のデジタル化」です。デジタル化には懐疑的・後ろ向きな人も多いなか、これを実現・普及させるためには、成果が上がっている事例を共有することが重要です。
→**第4章［Question 34］「校務のデジタル化」が、教員の負担軽減に寄与するにはなにが必要か**

[37] 教育のDX化には現状、自治体や学校による格差があります。この格差を縮め、不平等な状況を是正していくにはなにが必要か。国が推進する「教育データの利活用」がどんなメリットをもたらすかなどについて考えます。
→**第4章［Question 35］自治体・学校間の「デジタル格差」を埋めるにはなにが必要か／第4章［Question 36］実効性のある「教育データの利活用」を実現するにはなにが**

しつつ、過度な負担を生じさせずに[39]**カリキュラム・マネジメントを実質化**することについてどのように考えるか。

○[40]**学習指導要領の趣旨・内容について、保護者をはじめ社会全体と共有**するとともに、学校種を超えて一人一人の教師に浸透を促す方法をどのように考えるか。

以上が中心的に御審議をお願いしたい事項でありますが、これらに関連する事項を含め、初等中等教育における教育課程の基準等の在り方について、幅広く御検討いただくとともに、別途諮問する「[41]**多様な専門性を有する質の高い教職員集団**の形成を加速するための方策について」に係る御検討や関係会議における御議論との十分な連携を含め、教育課程の実施に必要となる条件整備にも意を用いていただきますようお願

必要か／第4章〔Question 38〕過疎化する地域の学校に対し、今後どのような支援を行えるか

[38] 地域との連携協働は古くて新しい課題で、次期学習指導要領でも推進が求めれる見通しです。現状の「コミュニティ・スクール」には一部で形骸化も見られるなど、これをどう機能させていくかが大きなポイントです。

→第5章〔Question 49〕これからの「地域との連携・協働」をどのように進めていくべきか

[39]「カリキュラム・マネジメント」は、現行学習指導要領に盛り込まれたものですが、現状では浸透しきっていないとして大臣諮問では「実質化」という言葉を使っています。そこで、カリマネの実質化とはなにかを整理します。

→第3章〔Question 16〕「カリキュラム・マネジメント」の「実質化」とはどういうことか

[40]「ゆとり教育批判」を振り返ってもわかるように、次期学習指導要領が社会的に受け入れられなければ、改革はとん挫する可能性があります。そのため、新しい教育課程に対する世間の理解を促すためには、戦略的な視点が必要です。

いします。なお、これらの課題は広範多岐にわたることから、審議の状況に応じ、施策を迅速かつ着実に実施していくために、逐次取りまとめていただくことも御検討いただきますようお願いいたします。

→第5章［Question 50］実効ある教育改革にするために「世間の理解と賛同」をどう得ていくか

【41】 今回、次期学習指導要領を検討する諮問と同時に、「教職員集団」のあり方を検討する諮問も行われました。この二つがセットで諮問されたことの意味とはなんなのかを考えます。

→第3章［Question 28］次期学習指導要領が実効性あるものとなるために「チーム学校」に必要となるのはなにか／第5章［Question 46］「次期学習指導要領」と「教師の資質能力」への大臣諮問が同時になされたのはなぜか

第1章

今後、日本社会はどのように変化すると予測されているか

―教育との結びつきを紐解く―

Question

01

私たちはどのような時代を生きているのか

次期学習指導要領の内容がどのようなものになるのか——その点を考えるうえでベースとなるのが、「今後、日本社会はどのように変化すると予測されるか」です。本章では、まずこの点について考えていきたいと思います。

ここ数年、教育界では「予測困難な時代」という言葉がしきりに使われるようになりました。今回の大臣諮問でも「先行きに対する不確実性」という言葉で登場しているほか、「令和の日本型学校教育」を提唱した2021年1月の中教審答申においても、「社会の変化が加速度を増し、複雑で予測困難となってきている」と指摘しています。

もちろん、こうした言葉自体が使われるのは、教育界だけではありません。ビジネス界では数年前から、同義の「VUCA（ブーカ）時代」という言葉が頻繁に使われており、これを前提にどう戦略を立てるかが、多くの企業にとって至上命題となっています。

「VUCA」とはV（Volatility：変動性）、U（Uncertainty：不確実性）、C（Complexity：複雑性）、A（Ambiguity：曖昧性）の頭文字をとった造語で、もともとは1990年代後半に軍事用語として登場した言葉だそうです。

さて、この「ＶＵＣＡ時代」という言葉も、教育界においても使われており、２０２３年６月に閣議決定した第４期教育振興基本計画では「現代は将来の予測が困難な時代であり、その特徴である変動性、不確実性、複雑性、曖昧性の頭文字を取って『ＶＵＣＡ』の時代とも言われている」との記述があります。

しかしながら、この「ＶＵＣＡ時代」や「予測困難な時代」という言葉、なんとなく腑に落ちるようでいて、少し曖昧でぼんやりしたまま受け止めている人も多いのではないでしょうか。来《きた》るべき未来はなぜ「予測困難」で「不確実」なのか。この点について、もう少し解像度を高めておく必要があるでしょう。

まず、「ＶＵＣＡ」の一つ目の「変動性（Volatility）」を読み解くうえで、キーとなるのがデジタル化・ＩＴ化です。例を挙げましょう。

スマートフォンの登場によって私たちのライフスタイルは大きく様変わりしました。ニュースを見る、他人と連絡を取り合う、ＳＮＳで交流する、交通経路を調べる、動画を視聴する、音楽を聴くといったことを多くの人がスマホで行うようになり、最近では決済や特急券の予約、タクシーの配車、飲食店の予約などをスマホでする人も珍しくありません。

かつて家庭の必需品であったテレビやＤＶＤデッキ、固定電話、ＣＤプレイヤーなどを所有せず、スマホ１台で済ませてしまう人も最近では多いようです。スマホがあるからという理由で新聞を購読するのをやめた人、自宅に時刻表や辞典がない人も多いはずです。

日本社会にスマホが登場し、普及しはじめたのは２０１０年前後です。つまり、そこからわずか10年ほどで、私たちのライフスタイルは大きく変わったわけです。これから先も、スマホのような新たな機器・ツールが登場すれば、私たちの生活を一変させることでしょう。

スマホ以前にも、電車や自動車、電話、テレビなど幾多の発明品が、私たちの生活を便利にしてきました。ただ、そうした変化と比べても、ここ数年の変化は目を見張るものがあります。そうした「変動性（Volatility）」は、今後の社会を語るうえで欠かせない視点の一つだと言えます。

二つ目は「不確実性（Uncertainty）」です。これは、本来なら起こり得ないことが起こることを指す言葉です。よく話題にされるのが「コロナ禍」ですが、新型コロナウイルス感染症が本当に「予測不可能」だったと言えるのかについては、議論の余地があると思います。

同種のコロナウィルス関連で言えば、２００２年に重症急性呼吸器症候群（SARS）が、２０１２年に中東呼吸器症候群（MERS）が確認され、いずれも治療法は確立されていません。さらに時代を遡れば、およそ１００年前、世界中で流行したスペイン風邪は、推定２０００万人以上もの死者を出したと言われます。こうしたパンデミックを経験したことのある人類ですから、「予測不可能」だったと安易に断じてしまうことはできないとも感じられます。

むしろ、社会の「不確実性」を語るうえで取り上げたいのは、２００９年の「リーマンショック」です。

アメリカの五大投資銀行であるリーマンブラザーズは、破綻する少し前まで莫大な利益を稼ぎ出し、世界的にトップクラスの企業価値を誇っていました。それがサブプライム住宅ローン危機というたった一つのリスクが引き金となり、あっという間に経営破綻に至りました。

当時、経営のリスクマネジメントは、「致命的な事態を回避することで、企業としての存続を図る」ことに主眼が置かれていましたが、リーマンブラザーズの破綻においてはそうしたセオリーが通用しませんでした。そのため、経済界の人々は大きな「ショック」を受けたわけです。

このように「稀にしか起きない状況が、突如として起こる」ことを、金融・証券業界では「ファット・テール」と言い、リーマンショックは「ファット・テール」が当たり前に起こる時代の到来を象徴する出来事だったと言えます。考えてみれば、2016年に「泡沫候補」と呼ばれたドナルド・トランプがアメリカ大統領になったことも、国際社会における「ファット・テール」の一つだったと言えるでしょう（二度目の大統領就任は、ある意味では必然だと言えるかもしれませんが）。

こうした「想定外」はなぜ起こるのか、それをひも解く鍵が、三つ目の「複雑性（Complexity）」です。

現代社会は非常に複雑化しており、その構造を正しく理解・把握するのは容易ではありません。企業にしても、創業家がすべての株式を保有して同族経営をしているようなケースは少なく、機関投資家や個人投資家など多様な株主が混在し、経営に関与しています。調達や販売の仕組みも複雑化し、取引業態も多様化しています。

そうして複雑性が増せば、必然的にリスクは想定しづらくなります。そのため、小さなほころびが引き金となって、大きな事象や事故を引き起こすことも考えられます。巨大な建造物が、たった1本の柱が壊れただけで建物ごと倒壊してしまうような危うさが、現代社会には内在していると考えられるのです。

四つ目の「曖昧性（Ambiguity）」については、上述の「変動性」「不確実性」「複雑性」の三つが組み合わさることによって生じる状況だと言われています。まとめれば、社会が大きく「変動」し、「複雑」化して「不確実」な要素が増えるほどに、未来の行方がきわめて「曖昧」になるということです。

ビジネス界ではこうした社会の到来にどう備え、企業として生き残りを図っていくかが大きなミッションとなっています。同様のことは国や自治体などの公的機関にも言えることで、複雑さや曖昧さがあるなかで、いかに最善の事業・施策を講じていくかが、大きな課題となっています。

そして、そうしたミッションを遂行するためにどのような人材育成を図っていくべきなのかが、教育界が直面している大きなミッションなのです。

Question 02

急速な「少子化・高齢化」は教育界になにをもたらすのか

［Question 01］で解説した「予測困難な時代」や「VUCA時代」のほかに、今後の教育を考えるうえで目を背けることができないのが、日本がいまだかつて直面したことがない急速な「少子化・高齢化」です。今回の大臣諮問にも、冒頭にこの言葉が登場します。

実際、日本の人口は今後、どのくらい減少していくのでしょうか。次頁の**資料1**は厚生労働省が発表している統計資料で、1950年から2020年までの「実績値」とそれ以降の「推計値」を表しています。この資料によると、2070年の人口は約8700万人と、現在の3分の2近くまで減少すると推計されています。

注目したいのは「15~64歳以上」のいわゆる「生産年齢人口」の数です。2020年時点では7509万人ですが、2070年には4535万人にまで減少すると推計されています。

端的に言えば、健康でバリバリと働ける人の数が、現在の6割くらいまで落ち込むことになるということです。自動車に喩えれば、排気量1500ccの車が900ccに下がってしまうわけで、単純化して考えれば、人口が減少した分だけ国としての生産力が落ちることになります。

資料1　日本の人口の推移

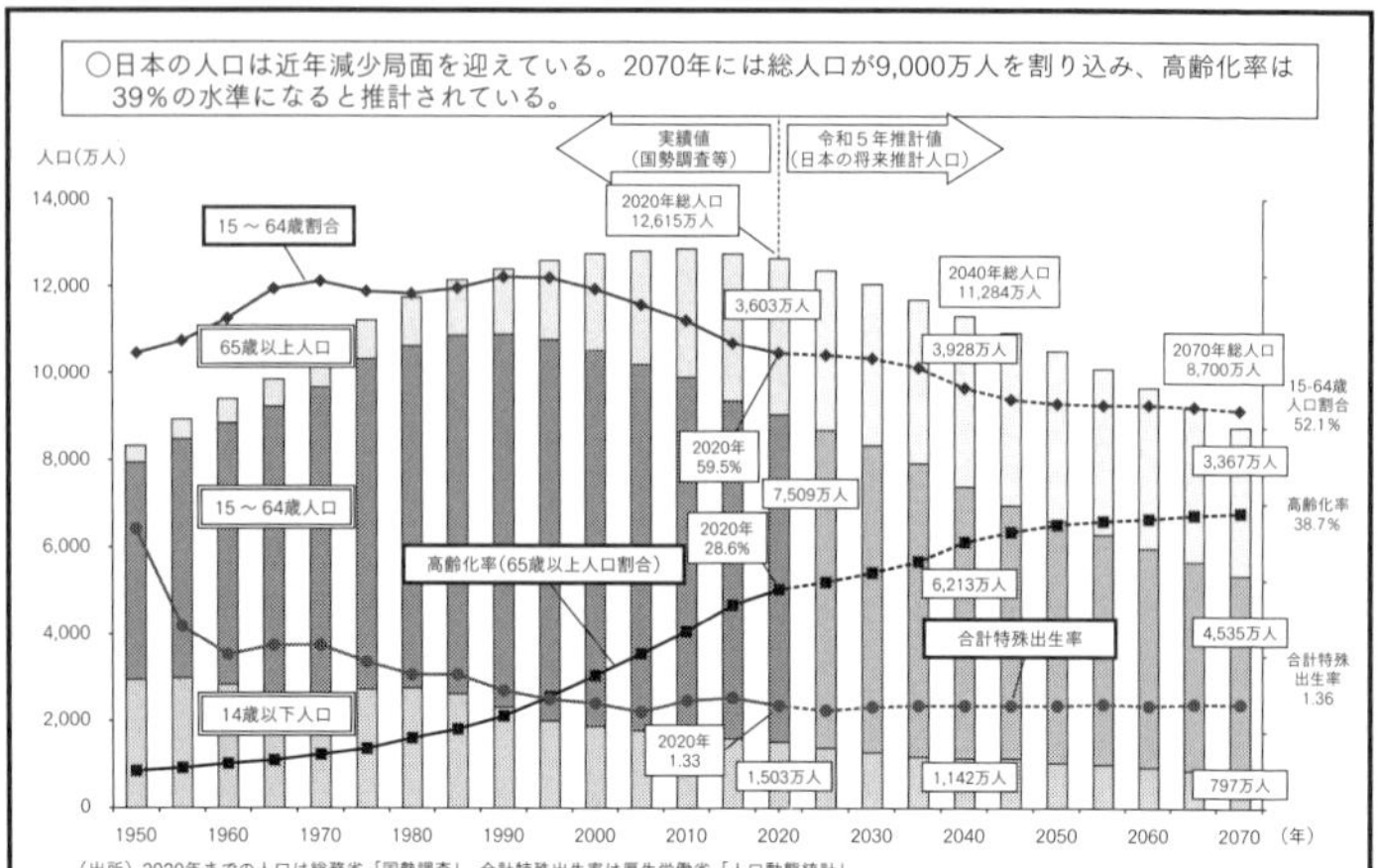

（出所）2020年までの人口は総務省「国勢調査」、合計特殊出生率は厚生労働省「人口動態統計」、2025年以降は国立社会保障・人口問題研究所「日本の将来推計人口（令和5年推計）」（出生中位（死亡中位）推計）

もちろん、現在は長寿化が進み、65歳以上でも「健康でバリバリと働ける人」が増えているとは思います。しかし、多くの高齢者を少ない生産労働人口が支える構造は、いまよりも顕著になることは間違いないでしょう。

さらに、人口がいまの約6割になると言っても、各地域が満遍なく6割になるわけではない点にも注意が必要です。過疎化が著しい地域では、消滅に至る自治体も出てくることが考えられます。2014年に岩手県知事などを務めた増田寛也氏が『地方消滅』という著書を刊行し、東京がブラックホールのように地方から人口を吸い寄せる一方で、地方では896自治体が存続できなくなる可能性を指摘しましたが、現在も状況は改善に向かっていません。

ちなみに2022年10月~2023年9月の期間で人口が増加しているのは東京都だけで、その他の46道府県はすべて減少しています。特に東北地方の減少は著しく、秋田県は1・75％、青森県は1・66％、岩手県は1・47％の減少となっています。「1・75％」と聞くと少ないように感じるかもしれませんが、この値がつづけば、約40年後にその地域の人口は半分になります。

教育分野においても、少子高齢化による波は避けて通ることはできません。2023年6月に公表された「第4期教育振興基本計画」においても、「少子化・人口減少」という言葉が、これでもかとばかりに繰り返し登場します。それだけ、少子高齢化によって生じる課題に、学校教育として対応しなければならないことが多いということです。

では、少子高齢化によって教育界にはどんな課題が生じるのでしょうか。短期・中期・長期に分けて、整理してみたいと思います。

短期的には、学校の統廃合の課題が挙げられます。

すでに多くの地域で学校規模の縮小が進んでおり、かつては1学年3学級だった学年が1～2学級になったという学校は全国各地にごまんとあります。地方はもちろん、都心部でも東京都23区では全学年単学級（1学級）という学校も珍しくありません。1970～80年代の第二次ベビーブーム時に設置された団地地区の学校のなかには、校舎の半分以上が空き教室になっているといったケースもあります。

学校規模が縮小すれば、中学校では部活動のチーム編成がむずかしくなったり、免許外教科担任が増えたりします。また、1学年1学級では人間関係が固定され、多様な考え方に触れられる機会が減るなどの課題も指摘されています。その解消のためには学校の統廃合が必要となりますが、歴史ある伝統校の統廃合には地元の反対も強く、多くの自治体が頭を悩ませています。

中期的な課題としては、出生率を高めるために、教育・子育てにかかる保護者負担を減らすことが挙げられます。

２０２３年における日本の合計特殊出生率は１・20で、過去最低となりました。東京は０・99で１を下回っています。人口を維持するには２・０以上が必要であることを考えれば、状況は深刻です。

その背景には、子育て・教育にかかる保護者の経済的負担の大きさがあります。０～18歳まで子どもを一人育てるのに２５００万円～４０００万円もの費用がかかるという試算もあり、高額な教育費が少子化に拍車をかけています。日本の場合、「隠れ教育費」と呼ばれる保護者負担も大きく、第一子を育てる段階で想定外の出費に面食らい、第二子を断念するといったケースも少なからずあるように思われます。

そして長期的には、少子高齢社会を支える人材の育成が挙げられます。

広大な領土やエネルギー資源をもたない[注①]極東の海洋国家である日本が昭和の時代に、世界トップクラスのＧＤＰを誇る経済大国になれたのには、大きく２つの理由が考えられます。

一つは、自動車や家電、グローバルスタンダードともなったソニーのウォークマンや日清食品のカップ麺、任天堂のファミリーコンピューターなど、高度な技術に基づく創造性に満ちた付加価値の高い商品を開発・製造・販売できたことです。その結果、バブル期の１９８９（平成元）年には、世界時価総額ランキング上位50社のうち、日本企業が実に32社を占めるに至りました。

しかしいま、２０１８（平成30）年時点における時価総額ランキングで見ると、上位50社に入ったのはトヨタ自動車だけ（32位）にとどまり、世界における日本企業の存在感はすっかり影を潜めました。

こうしたことから近年、国民一人当たりの労働生産性を上げる必要性などが盛んに言われるようになりました。喩えれば、排気量が１５００ccから９００ccに落ちても、機器の技術の向上によって出力や速度が落ちないようにするというわけです。そしてこの考え方は、（本来、効率化を図るといった生産性とは相性が悪い）教育界にももち込まれるようになったと考えることができます。

［注①］半導体や液晶パネルなどに使われるインジウムをはじめとして、プラチナ、パラジウム、ガリウムといった日本の地下資源は世界有数である。加えて、領土は小さいものの、領海も含めた日本の国土面積は、実は世界61位とけっして小さくはなく、現在ではレアアースやメタンハイドレードなどの海洋資源の存在が確認されており、将来を有望視する声も一部にある。

Question
03
日本社会の「内なるグローバル化」はなにをもたらすのか

今回の大臣諮問には、「日本社会の内なるグローバル化」という言葉が示されています。すでに首都圏には多くの外国人労働者が在留し、コンビニに行くと日本人スタッフを見ることすら珍しくなってきました。ここでは、今後そうした状況がさらに加速することで、どのようなことが起こり得るのかについて考えていきたいと思います。

［Question 02］で、日本では今後急速な少子化・高齢化が進み、2070年の人口が約8700万人になるとの見通しを示しました。人口減少は、地方コミュニティの消滅、内需の縮小と税収の減少、労働力不足などさまざまな問題を引き起こすだけに、状況はきわめて深刻です。

一方で、異なるシナリオもあります。日本が海外からの移民を積極的に受け入れた場合です。少し前の資料になりますが、2014（平成26）年に内閣府が公表した「目指すべき日本の未来の姿について」によると、出生率がある程度回復し、移民を毎年20万人受け入れた場合、2060年の人口は1億989万人、2110年では1億1404万人になると推計されています。

日本は現時点においても、医療・福祉や建設業、運輸業、旅館・ホテルなどの業界で、深刻な人手不足が起きています。リクルートワークスが2023年に公表した「未来予測2040」によれば、2040年の日本は約1100万人の人材が不足するとの衝撃的な推計もあります。

実際にこうした状況に陥れば、生活に必要な物資が入手できなくなったり、必要なサービスが受けられなかったりする事態が、全国各地で発生することになるかもしれません。その意味で、（「Question 02」で述べたように）業務効率を高めていくことも重要ですが、並行する形で海外から積極的に人を受け入れるなどして、人材不足を補っていくことが避けられないと考える人々は一定数います。

実際に日本政府も、人手不足の解消に向け、外国人を受け入れる方向で舵を取りはじめています。2018（平成30）年には出入国管理法が改正され、外国人労働者の新たな在留資格として「特定技能」が創設されました。介護や建設、自動車運送業など16分野について、一定レベルの知識や技能をもっている場合は、5年かそれ以上の在留が認められるようになったのです。

また、2024年6月には改正出入国管理・難民認定法が成立し、技能実習制度に代わって育成就労制度が導入されました。技能実習制度はもともと途上国の外国人に日本の技術や知識を伝授する国際貢献的なものでしたが、制度が運用される過程で日本国内の状況が変わり、次第に人手不足を補う形で運用されるようになっていったという経緯があります。こうした実態を考慮し、目的として「人材確保」を明確に謳った育成就労制度が導入されたわけです。

こうして見ても、表向きは移民政策をとっていない日本ですが、実際には受け入れを拡大する方向で動いていることがわかります。一方で、移民の積極的な受け入れを行った場合、社会にさまざまな負の影響が出ることも予想されています。

この点については多様な学説があり、確かなことは言えませんが、想定され得る可能性（リスク）としていくつか紹介したいと思います。

1つ目は、移民労働者の増加による日本人労働者の賃金低下、失業率上昇です。

かつて（明治時代から大正時代にかけて）多くの日本人がアメリカ西海岸等へ移住しましたが、その結果として現地労働者が仕事を奪われて反日感情が高まり、日本人移民排斥運動の引き金となりました。今後の日本においても、途上国から来た外国人労働者が安価な給与で労働力を提供すれば、日本人労働者の仕事を奪う可能性は十分に考えられます。

2つ目として、社会保障費用の増加が挙げられます。

移民が増えて生産労働人口が増えれば、税収等が増える一方で、医療サービスや教育サービス、失業保険などの受給者も増えることになります。その差し引きがどうなるかは微妙ですが、福祉制度の整った国に移民が集まりやすいという研究もあることから、社会保障費が国の財政を圧迫する可能性も否定できません。実際、北欧では「移民が我々の社会保障を奪う」として警鐘を鳴らす専門家や政治家は多いといいます。

3つ目として、技術革新の鈍化が挙げられます。

これまでの経済社会は、技術革新が進む産業・企業が生き残り、進まない産業・企業は淘汰さ

資料２　在留外国人数の推移

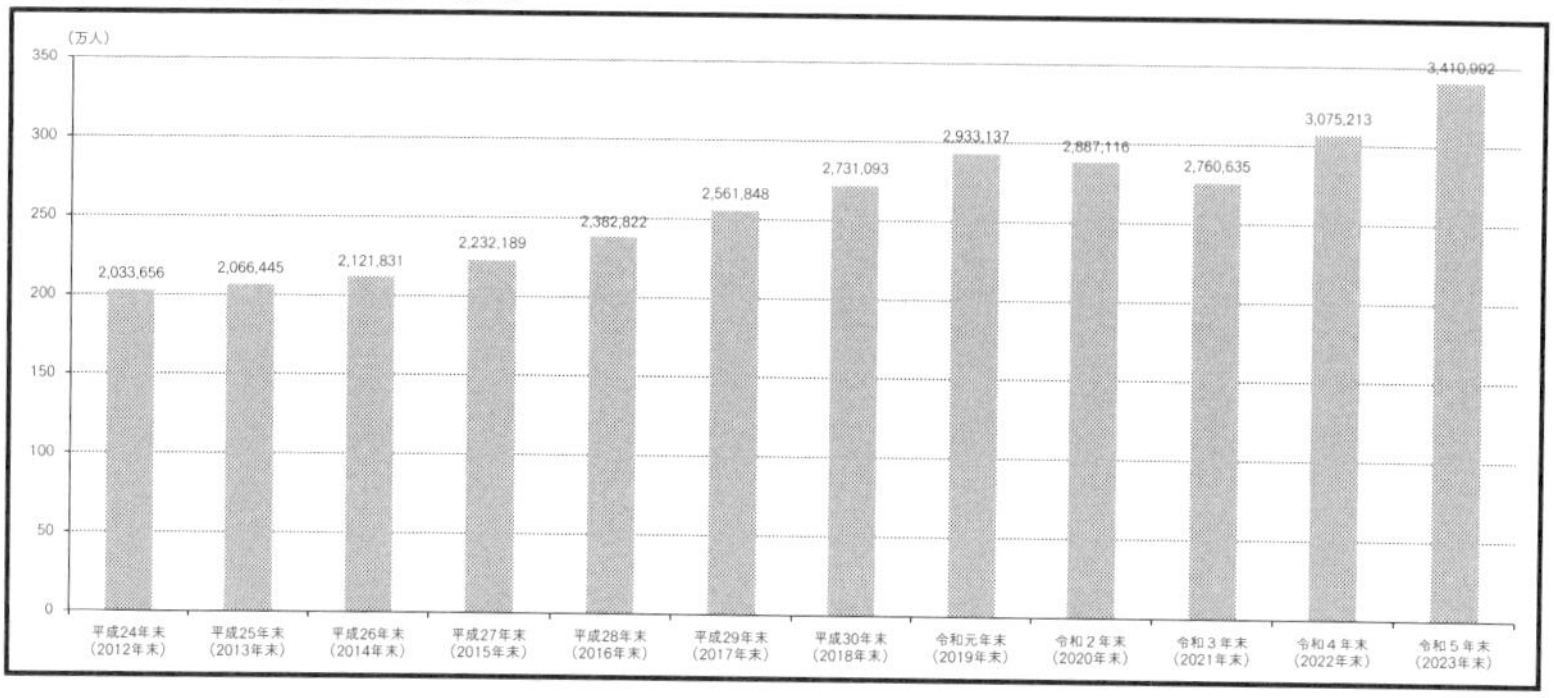

れることで発展してきたという経緯があります。しかし、移民が安価な労働力を提供することによって、淘汰されるはずの生産性の低い産業・企業を生きながらえさえ、結果として技術革新が阻害されるという考え方です。

４つ目は、治安が悪化する可能性です。この問題の根は深く、移民政策を掲げたことで不法移民などの流入を招いてしまったヨーロッパでは、集団暴行事件やテロ、銃を使った犯罪が急増し、治安が悪化したと言われています。アメリカにおいても、不法移民は頭の痛い問題です。地政学的条件の異なる日本においても同様のことが起き得るのかについては、確かなことは言えませんが、想定されるリスクの一つだとは言えるでしょう。

実際に移民受け入れの影響を精緻に予測するのはむずかしく、上述した４つの説を否定する学術研究も公表されています。しかし、いずれも起こり得る可能性（リスク）の一つとして想定しておく必要はあるでしょう。

また、移民と聞くと、途上国の貧困層の人たちをイメージする人も多いと思いますが、一方ではＩＴ系を中心に、高い技術をもった外国人が長期在留するケースもあります。また、介護分野などは外国人就労者が介護福祉士等の資格を取得し、高齢者施設で中心的な役割を果たしているケースもあります。

こうした点を鑑みると、今後の日本は専門職の領域においても、非専門職の領域においても、数多くの外国人労働者が参入してくる可能性があります。また、30〜40年という長いスパンで考えれば、日本に移住してきた外国人の二世が社会で活躍するようになり、２０６７年には外国人人口が全体の1割に達するとの試算もなされています。

現時点において、日本社会で生活する人の大半は、日本国内にルーツをもち、日本の国籍を所持する人たちで、外国から来た人やその家族は外国籍を有する者として位置づけられており、その数はけっして多くはありません。しかし今後は、欧米の一部の国のように、そうした境界線も曖昧になっていく可能性もあるでしょう。

島国である日本は、他国と比べて同質性が高く、人々は似かよった文化や価値観、生活様式のもとで暮らしてきたと言われます。そこに多くの外国人が流入し、異なる常識がもち込まれれば、少なからずアレルギー反応が起こることでしょう。

こうして見ても、これからを生きる人材には、真の意味での「多様化・多国籍化」という、私たち大人世代が経験したことのない大きな変化と向き合っていく必要に迫られると考えられます。

Question
04
労働市場の「流動性」が高まるとは具体的にどういうことか

大臣諮問には「労働市場の流動性が高まる」という一文が登場します。教育関係者にとってはあまりなじみのない言葉だと思うので、少し掘り下げて解説したいと思います。

２０２３年、世間で話題沸騰となったのが生成ＡＩです。米国のＩＴ企業・オープンＡＩ社が「Chat GPT」（Ver.3.5）を公開し、その回答速度や精度の高さに世界中の関係者を驚愕させました。日本でもテレビや新聞、ＳＮＳ等で頻繁に取り上げられ、導入・活用の是非をめぐって、いまもさまざまな意見・論説が飛び交っています。

生成ＡＩは、好むと好まざるとにかかわらず、今後はあらゆる領域で活用されていくことになるでしょう。すでに一部の企業では業務に生成ＡＩを取り入れ、仕事の効率化やアイデア創出などに役立てられています。

現状、ＡＩに対して「仕事や生活を効率的かつ便利にしてくれるもの」と、どちらかと言えばポジティブな印象を抱いている人のほうが多いと思います。しかし、決してポジティブなことばかりではありません。多くの仕事がＡＩに代替されることで、職を失う人が出るのではないかとも言われているからです。

たとえば、カスタマーセンターの対応は、すでにＡＩへの代替がはじまっています。顧客の問い合わせの大半は、人間の判断を要しない単純なものに分類されるため、ＡＩに置き換えることでオペレーターの数を減らし、人件費を抑制する企業が増えているのです。

また、電車やバス、タクシーなどの公共交通機関の運転もＡＩによる試験的な導入がはじまっています。子どものころ、電車の運転士になるのが夢だったという人も多いと思いますが、いずれはそうした職業自体が消滅する可能性があるのです。

さらに衝撃的なのは、デスクワークを中心に担う一般事務職員、世間的に「ホワイトカラー」と呼ばれる人たちの仕事も、ＡＩに代替されるのではないかと言われていることです。実際、グローバル企業のデスク業務は、すでにＡＩに代替されはじめています。今後この動きが加速すれば、大量のホワイトカラーもまた職を失うことになる可能性があるのです。

たとえば、いままで課長と5名の課員で構成されていた部署が、ＡＩの導入活用を進めた結果、課長と1～2名の課員だけで対応できるようになったなどといったことも考えられます。また、部長や課長などのマネジメント業務も、高度な判断を必要とするポジションを除けば、ＡＩに代替される可能性があります。

「正解のある仕事」に対するアウトプットという点で、ＡＩはその正確性・スピードともに人間を圧倒します。一方で、自ら問いを立てたり、高度で複合的な倫理的判断をしたり、ＡＩにデータセットするのがむずかしい新たなアイデアを創出したりすることについては、（いまのところ）人間に軍配が上がります。すなわち、経営やマネジメントなどの高度専門職としてのホワイトカラーは生き残り、比較的単純な業務を担う事務職としてのホワイトカラーは淘汰されていくという予測です。

さらに、世間的には「クリエイティブ」と呼ばれる業界においても、ＡＩの影響からは無風ではいられません。たとえば、昨今ではデザインやプログラミングにおいても、ＡＩが活用されています。今後、活用が広がれば、チーフデザイナーやチーフプログラマーなどプロジェクト全体を統括する人を除き、多くのクリエイターが淘汰される可能性があります。私たちが身を置く出版業界も、編集や校正作業の大半をＡＩが担うようになり、書籍の企画・プロデュースなど一部の業務だけを人間が担うようになる可能性があるでしょう。

実際、そうした試算もあります。

三菱総合研究所がアメリカのLightcast社と共同で行った調査によると、デジタル化が進むことによって、２０３５（令和17）年時点で９７０万人規模の省人化をもたらす可能性があり、少なく見積もっても４６０万人にのぼる雇用減少が生じるとレポートしています。

ということは、実際にそれだけの人がリストラされることになるのでしょうか。

現状、日本では法令上、よほどの事情がない限り解雇することは認められていません。また、終身雇用という伝統的な企業倫理や労働組合も（かろうじて）存在しています。そのため、一部の企業がすでに実施している早期退職制度の活用が、さらに加速することが考えられます。また、それと並行して大卒者の新規採用は抑制されることになるでしょう。

一方では（[Question 03] で述べたように）現時点においても日本では、医療・福祉や建設業、運輸業、旅館・ホテルなどの業界で、深刻な人手不足が起きています。また、2040年時点で約1100万人の人材が不足するとの試算もあります。つまり、ある業界・職種では人が余り、ある業界・職種では人が足りないという、歪《いびつ》な状況が生まれるわけです。

こうした流れを踏まえれば、ホワイトカラーと呼ばれる人たちの多くは、多職種などへの転身が求められることになります。先述した三菱総合研究所のレポートも「企業や産業を超える人材移動はもはや避けて通ることはできない」と指摘しています。

過去の歴史を見ても、こうした労働市場の大転換は、人間社会が経験してきたことです。工業社会の到来により、農作業の多くが機械に代替され、農業従事者の多くが工場労働者へと転身していきました。また、その後の機械化・オートメーション化に伴い、工場労働者の多くが事務作業を担うホワイトカラーに転身していきました。同様のパラダイムシフトがいま、AIの登場によって起きようとしているのです。

一方で、一部の企業では雇用を守ることを優先し、AIへの積極的な代替をしないという可能性も考えられます。しかし、グローバル企業を中心として、多くの会社がAIの活用で業務の効率化を図るなかでそうした選択をすれば、企業としての競争力や成長力を失い、業界から淘汰されてしまうことにもなりかねません。

現状、日本の大学の法学部や経済学部、文学部などの卒業生の多くは、民間企業や官公庁等のホワイトカラーへと就職していきます。もし今後、前述したような大転換が実際に起きれば、それらの学部の卒業生の就職戦線にも大きな変化が訪れることでしょう。場合によっては学部はもちろん、大学自体の勢力図も塗り替えられ、小学校から大学に至る現状の進学システムに変容をもたらす可能性もあります。

昨今、ビジネス界では「リスキリング」という言葉が、よく使われています。端的に言えば、「新しい職業に就くために、必要なスキルを獲得する」ことです。もう少しくだけた言い方をすれば「学び直し」です。

このように今後の社会は「変動性」があり、そうしたパラダイムシフトがこれまでよりも短期スパンで生じる可能性があります。「予測困難な社会」では、自らが獲得した知識やスキルに安住できないわけで、国の教育システムもそうした社会を見越して構築していかざるを得ないといえます。

Question

05

「学制150年」という言葉を、教育振興基本計画に登場させた真意とはなにか

今回の大臣諮問を何度も読み返した人は、あることに気づいたと思います。それは、2023年に公表された「第4期教育振興基本計画（以下「基本計画」と言う）」に登場する用語の多くが、今回の大臣諮問でも使われていることです。本章で取り上げている「不確実性」「少子化」「労働市場」「ウェルビーイング」などもそうです。こうしたことから、今回の大臣諮問は「基本計画」の流れを汲んだものだととらえることができます。

「基本計画」の冒頭は、次の一文ではじまります。

「我が国最初の全国規模の近代教育法令である『学制』が公布されてから令和4年で150年を迎えた」

この「学制」とは、日本の学校教育のあり方を定めた法律（法制度）のことです。1872（明治5）年に制定され、全国を「学区」に分けて小学校や中学校、大学などを設置することを定めており、いわば公教育制度の原型とも言うべきもので、現在の公立学校制度の源流がここにあると言っても過言ではありません。

そんな「学制」が、令和時代の方向性を示す「基本計画」の冒頭に登場したわけです。その事実は、非常に大きな意味をもつと筆者はとらえています。端的に言えば、150年も前に策定された「学制」の骨格が時代にそぐわなくなり、さまざまな部分で制度疲労を起こしているということです。そうした視点から抜本的な見直しが必要だとされているのだと考えられます。

そもそも「学制」は、兵制、税制、殖産興業と並び、富国強兵を目指して明治政府が創設したものです。すなわち、臣民（当時の国民）が、目上の者には従順に従い（徳育）、読み書きそろばんができ（知育）、「みんな」で「同じこと」を「同じように」できる（体育による集団性）ようになることで、国力を底上げしようとした公教育制度だということです。

その後、当時の文部省は、明治12年に「学制」を廃止し、それにかえて「教育令」を公布するに至るわけですが、制度としての骨格は現存しています。

例を挙げましょう。

①全国各地に「学区」を設け、学校を設置すること。
②児童・生徒30~40人を単位として「学級」を編制すること。
③「教科」に分けて時間割を編成すること。
④「教科書」を使って授業をすること。
⑤「教員」という専門職を養成して配置すること。

⑥黒板とチョークを使って、「一斉講義形式」で教えること。
⑦小学校、中学校から大学に至る「進学」の仕組み。

これら①～⑦はいずれも「学制」制定前の日本にはなかったものです。江戸時代の藩校や寺子屋には、大人数の学級もなければ、専門職としての「教員」もいませんでした。また、「国語」「算数」などの教科や時間割、教科書も、国レベルで共通するものもありませんでした。

「学制」は、そんな状況下にあった日本社会にまったく新しい教育インフラとして導入したわけですから、大きなアレルギー反応が起きたことは想像に難くありません。実際、日本の公教育制度がきちんと機能するまでには、かなりの年月を要しました。

他方、これら①～⑦は150年の年月をかけて、日本社会の隅々にまで浸透したものでもあります。これをゼロベースから見直すとなれば、「学制」を制度化したときと同じか、それ以上のアレルギー反応が起こることが考えられます。

「基本計画」では「教育の発展に尽力してきた先人の努力に思いを致す」「『不易流行』の考え方を基調とした」などと、かなり忖度した記述も見られますが、読み取るべきは「150年前にできた仕組みの問い直し」だと筆者はとらえています。そうでなければ、わざわざ「学制」をもち出す必要はないでしょう。「基本計画」の流れを汲んで考えれば、「学制」を起点とする公教育システムそのものを問い直していくことが、今般の学習指導要領改訂の大きなテーマだと考えることもできるのです。

たとえば、現行学習指導要領が提唱する「主体的・対話的で深い学び」は、⑥の「一斉講義形式」の問い直しです。また、現行学習指導要領では③の「教科」の枠にとらわれず、④の「教科書」の使用だけにとどまらない探究学習が求められています。⑤の「教員」にしても、特別免許状を付与するなどして、広く社会人から登用する動きが加速しています。①の学区について言えば、かなり以前から学校選択制をはじめ弾力化が図られています。こうして見ても、「学制」に端を発する制度の問い直しは、すでにはじまっているとも言えます。

もちろん、こうした仕組みそのものを短期で改変し、まったくゼロから新しい公教育システムをつくるというのは現実的ではありません。そんなことをすれば、現場の教職員はもちろん、子どもたちも混乱し、学校は機能不全を起こすことでしょう。「学制150年」という言葉は、長い歴史的・大局的な視点から教育制度を見つめ直し、「できるところから変えていく」ことの必要性を示したものだと言えます。

とはいえ、「できるところから」であっても、その問い直しは容易ではありません。私たちは幼少期から現状の学校教育システムを当たり前のものとして受け入れ、その仕組みにコミットしながら学校生活を送り、社会へと巣立ってきたからです。いまさら「30～40人の学級編制」や黒板やチョークを使った「一斉授業」、国語や算数などの「教科」を見直すなどと言えば、世間一般から見れば「唐突になにを言い出すのか」と驚き、「なぜ、そんな必要があるのか」と疑念を抱く人は多いと思います。

「教育」に対する世間の関心事は、いまだ有名大学に合格するための勉強法など、現状の教育システムを前提としたものが中心です。「学制を源流とする制度の見直し」などと言われても、ピンとこない人がほとんどでしょう。なぜ、そうした問い直しが行われているのかといえば、〔Question 01〕で述べた「予測困難な時代」を乗り切る人材を育成するうえで、現状の仕組み（教育制度）では厳しいからです。

日本ではこれまで、幾多の教育改革が進められてきましたが、「今度の改革はそうしたものとは異なる次元から進められる可能性があるのではないか」といった視点を頭の片隅に置いて、審議の行く末を見守りたいところです。

Question 06 今度の改革は「系統主義」から「経験主義」への転換を目指すものなのか

（[Question 04］でも述べたように）人々が社会生活を送るうえで必要な職業スキルは、時代のフェーズごとに変化してきました。農業が中心の社会では、田畑を整えて米や野菜を効率的・安定的に育成・収穫する技能が求められ、工業が中心の社会では、ものづくりに必要な職人としての技能が求められました。そして、そうした社会の変化と歩調を合わせる形で、学校教育のあり方も変化してきました。

たとえば、（[Question 05］で述べた）「学制」は、江戸時代の農業中心社会から工業中心の資本主義社会へと切り替わることを見据えて導入したものです。そして現在、社会が高度情報化やデジタル化の局面を迎え、教育システムの刷新が求められていることは先述したとおりです。

一方、こうした長期的な転換・変革とは別に、日本の教育界では20～30年スパンで、振り子のように揺れ動く中期的な変化も起きてきました。その一つに挙げられるのが「系統主義」と「経験主義」の二つの潮流です。

今回の大臣諮問には「二項対立」という言葉が登場しますが、日本の学校教育は明治期から現在に至るまで、この二つの潮流の間を行ったり来たりしながら歩んできました。その過程では、少なからず「二項対立」的な議論が展開されてきたように思います。

「系統主義」とは、端的に言えば、学術的な「系統性」を起点にした教育のことです。実生活での活用場面とは関係なく、子どもたちはさまざまな知識及び技能を積み上げていきます。国語で習う漢字も、算数で習う九九も、理科で学ぶ法則も、社会で学ぶ歴史上の人物も、いずれ必要になる場面が来ることを想定して、学びを進めていきます。

それに対して「経験主義」とは、子どもの発想や疑問を起点にした教育のことです。実生活を通じて、子どもが考えたことや不思議に思ったことについて、体験を通じて解決しながら学んでいきます。さまざまな知識及び技能は、必要になった場面で習得するというスタンスです。

「系統主義」と「経験主義」は、どちらがよいという話ではありません。いずれにもメリットやデメリットが指摘されています。

まず、学習の効率性という点では「系統主義」のほうが有利です。

学術的な系統性に基づいて知識を吸収するため、算数で言えば足し算、引き算、かけ算、割り算…といった形で、段階的に難易度を高めながら学ぶことができます。それに対して「経験主義」では、子どもの発想や疑問に基づくため、必ずしも難易度が低いものから順に学んでいくとは限りません。そのため、(いわば事実的な)「知識及び技能」を短期間で習得させ、再生・再現できるようにする場合は、「系統主義」のほうが適していると言えるでしょう。

一方で、実生活での活用力を高める点では、「経験主義」のほうが有利です。

たとえば、子どもが自らの疑問に基づき、地域の環境問題を解決しようとして理科の原理や法則などを学べば、それは生きた（いわば概念的な）「知識及び技能」として、その後の生活でも活用できるようになるでしょう。その一方で、子ども自身が学ぶ意味や意義を見いだせないままであれば、実際にどう使えばよいかわからない「知識及び技能」にもなりかねません。

喩えれば、新居に引っ越しをして新生活をはじめるというとき、生活家具や用品を「とにかく、ひととおり買いそろえる」のが「系統主義」、「必要になったら買う」のが「経験主義」だと考えるとわかりやすいかもしれません。

最初にひととおり買いそろえたほうが時間や労力がかからず、場合によってはセット販売等で安く購入できますが、買ったけど「使わない」「使い方がわからない」物まで買ってしまう可能性があります。一方で、必要になったら買うとなれば、そのつど購入しなければならないので時間と労力はかかりますが、必要に迫られて買った物であるため、無駄になることはありません。どちらにもメリット・デメリットがあり、どちらがよいかは新生活をはじめる人の経済状況やどんな暮らしを求めているかによることでしょう。

翻って、日本の学校教育の歴史的経緯を振り返ると、明治期は「系統主義」が優位でした。「学制」に基づき、全国に同一の教育システムとカリキュラムを導入し、効率的に知識及び技能を教授することで、短期間で（経済的に国を富ませ、兵を強くして国力を上げる）富国強兵を成し遂げようと考えたわけです。実際、そうした教育システムは機能し、日本はわずか40年ほどで日露戦争に勝利するなど、欧米諸国と肩を並べます。

その後は、画一的な教育システムが「詰め込み教育」だと批判され、大正期になると新教育運動の旗印のもとで「経験主義」が謳われはじめます。しかし、それも束の間、昭和期になると軍国主義が台頭するのと時期を同じくして「系統主義」に大きく針が振れます。それに対して敗戦後はGHQ民政局によって民主主義を基盤とした個人主義へと向かう改革が行われ、「経験主義」が優位になります。

昭和中期になると、日本は高度経済成長期に突入し、大量生産・大量消費の社会を支える人材育成が急務となります。加えてちょうどそのころ、ソ連が人工衛星の打ち上げに成功し、アメリカで「スプートニクショック」が起こったことも影響し、学校教育は再び「系統主義」が優位となります。この当時の小学校の総授業時数は5821時間、中学校の総授業時数は3535時間にのぼり、戦後最多となっています（昭和43・44年告示学習指導要領は「教育内容の現代化」とも言われます）。

その結果、教育内容のあまりの多さに授業進度を早めざるを得なくなり、「新幹線授業だ」（一部の子どもしかついていけないという意味。「落ちこぼれ」といった言葉が使われるようになったのもこのころ）といった批判が起きるようになります。さらに、それと相まって校内暴力が社会問題化したことで、昭和52・53年改訂の学習指導要領では「ゆとりある充実した学校生活」が謳われるなど、「経験主義」が優位となります。

この流れはしばらく続き、平成10・11年改訂の学習指導要領では教育内容の大幅な削減が行われましたが、平成12年ごろに起きた学力低下論争やPISAショックの影響が相まって、世間からは「ゆとり教育だ」との強い批判が飛び交います。その結果、平成15年に学習指導要領が一部改正され、「系統主義」への揺り戻しが起きます（この一部改正では、補充的学習、発展的学習が盛り込まれています）。

平成20・21年改訂の学習指導要領では「言語活動の充実」を謳うなど、「系統主義」にも「経験主義」にも偏らない改訂が目指されましたが、教育内容と授業時数については増やされています。

このように、日本の学校教育は「系統主義」と「経験主義」の間を揺れ動きつづけてきました。

では、現在はどうなのでしょうか。

（詳しくは後ろの章で述べますが）まず押さえておきたいことは、平成19年に改正された学校教育法に盛り込まれた第30条第2項です。

「基礎的な知識及び技能を習得させるとともに、これらを活用して課題を解決するために必要な思考力、判断力、表現力その他の能力をはぐくみ、主体的に学習に取り組む態度を養うことに、特に意を用いなければならない」（傍線は筆者）

この規定は、しばらくした後に「学力の三要素を定めたものだ」と言われるようになりましたが、後の平成29・30年改訂の学習指導要領において「資質・能力」を示すものだとして再定義されることになります。「主体的・対話的で深い学び」（授業改善の視点）にもイメージされるように、現行の学習指導要領は、どちらかと言うと「経験主義」に軸足を置いていると考えることができます。また、現行学習指導要領が提唱する「探究的な学び」などについては、「経験主義」に基づく学びそのものだと言えるでしょう。

一方で、学術的な「系統性」を否定しているわけではありませんし、すべての授業が子どもの発想や疑問を起点に進めるわけでもありません。「知識及び技能」を定着させることを目的とした授業、すなわち「系統主義」的な学びは、次期学習指導要領においてもなくなることはないでしょう。

大臣諮問にもあるように、私たちはとかく二項対立的に物事を見てしまいがちです。「系統主義」と「経験主義」にしても、双方のよさに目を向けながら、バランスを取っていくことが大事だと言えます。

*

蛇足となりますが、現行学習指導要領が定める「資質・能力」は、文部科学省が長い間慎重な姿勢をとってきたはずの（「系統主義」と「経験主義」双方のメリットを求める）「能力主義」への傾斜だとも考えられる点を、最後に指摘しておきたいと思います。

Question

07

いまさらなぜ「ウェルビーイング」などという言葉をもち出してきたのか

ここ数年、教育界で頻繁に使われるようになった用語の一つに「ウェルビーイング」（Well-being）があります。「令和の日本型学校教育」を提唱した中央教育審議会の答申にも、2023年に公表された「第4期教育振興基本計画」にも、今回の大臣諮問にもこの言葉が登場します。

ウェルビーイングを直訳すれば「よい状態」という意味ですが、もともとは世界保健機関（WHO）の憲章のなかにある「健康」の定義「病気ではないとか、弱っていないということではなく、肉体的にも、精神的にも、そして社会的にも、すべてが満たされた状態」が基になっていると言われ、「身体的・精神的・社会的によい状態」を指す言葉として、近年になって頻繁に使われるようになりました。

類似する言葉に「Happiness（幸福）」がありますが、こちらは精神的によい状態を指すものであり、これに「身体的」「社会的」を含めたものがウェルビーイングだというわけです。

それにしても、人間が身体的・精神的・社会的に「よい状態」であることが大切だという、いわば当たり前のことが、いまごろになってなぜ、強調されるようになったのでしょうか。同様の疑問を抱いている人は多く、学校関係者のなかにも「そんなこと、言われなくてもやってきたはずだ」と考える人もいることでしょう。

ウェルビーイングの意味を読み解くうえで、鍵の一つとなるのが、GDP（国内総生産）との対比です。

GDPは「豊かさ」の指標として用いられ、多くの国がこれを高めることをミッションとして掲げています。しかし、本当に「GDPの値＝豊かさ」なのかと言えば、決してそうとは言えません。GDPが高くて経済的には繁栄している国でも、幸福度は低いというケースはあります。

日本の場合も、GDPはアメリカと中国に次いで世界3位に位置しますが、国連の持続可能開発ソリューションネットワーク（SDSN）が発表する「世界幸福度ランキング」では、47位（2023年）にとどまっています。上位を占めているのは、フィンランドやデンマーク、アイスランドなど、GDPは決して高くない北欧の国々です。

私たちは教育のあり方について語る際、つい経済社会の発展と結びつけて考えがちです。もちろん、経済的な豊かさが、国民生活の豊かさにつながる側面はおおいにあり、重要な視点の一つであることは間違いありません。しかし「GDPの向上」や「経済的発展」は、あくまでも「豊かさ」を示す指標の一つにとどまるものであり、最上位の目標は国民一人一人のウェルビーイングにほかなりません。

また、本章ではここまで、少子化・高齢化や多様化・多国籍化が進む日本社会の今後について

資料3　教育に関連するウェルビーイングの要素

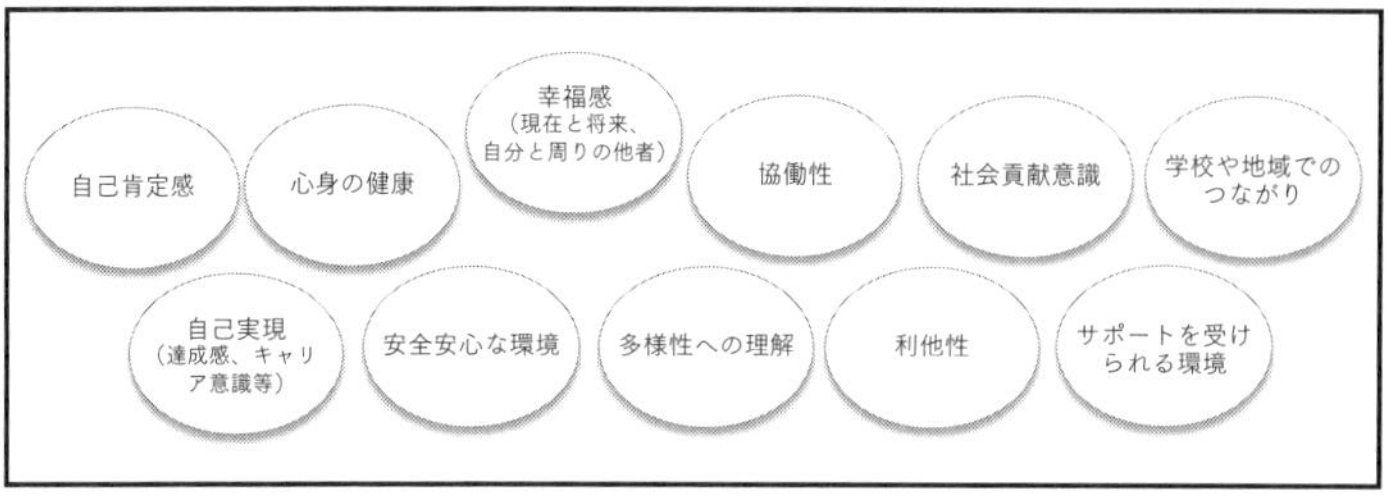

述べてきましたが、そうしたことも「ウェルビーイング」をもたらす要素の一つであるという事実についても押さえておく必要があります。もし、GDPが世界トップになったとしても、人々の基本的人権が侵害されていたり、自殺率が高かったりすれば、決してウェルビーイングとはなり得ないからです。

このウェルビーイングについて、ことさら紙幅を割いて解説しているのが、「第4期教育振興基本計画」で、「日本社会に根差したウェルビーイングの向上」（この言葉は、大臣諮問にも登場します）という見出しを立て、A4判で2ページほどを割いて解説しています。

ここでは、ウェルビーイングの構成要素として、**資料3**を挙げています。注目したいのは、多くの学校や教育委員会が向上を目指す「学力」的な指標が入っていないことです。一方で、「自己肯定感」や「社会貢献意識」「多様性への理解」など、昨今「非認知能力」と呼ばれるものが数多く入っています。

ご存じの方も多いと思いますが、日本の子どもたちは国際的に見て「自己肯定感」や「社会貢献意識」が低い点が指摘されています。一方、国際学力調査では世界トップクラスにあります。すなわち、学校教育は「学力向上」という側面では圧倒的な成功を収めているものの、「ウェルビーイング」という側面では十分な成果を上げていないということになります[注②]。

教育は将来への投資という側面でとらえられることがあります。「学校での勉強は楽しくないが、将来への備えであるとすれば致し方ない」という考え方です。確かに「勉強＝楽しい」という思いをもって学校に通っていた人は、日本では多数派ではないでしょう。

そうした状況は、ウェルビーイングの視点から見ると、多くの問題をはらんでいると考えられます。昨今、不登校の増加や暴力行為の低年齢化などが指摘されるのも、ウェルビーイングの視点よりも、「学力向上」や「将来への備え」を優先してきた結果だととらえることもできるからです。

この状況は、経済の発展を優先してきた結果、多くの人々が過重労働を強いられ、心身の健康を喪失しているような状態と似ています。実際に多くの先進国はそうした状況に直面したからこそ、ウェルビーイングの視点で社会のあり方を見つめ直そうとしているわけです。

そう考えれば、不登校の増加等多くの課題を抱える日本の学校も、ウェルビーイングという視点、もう少し砕けた言い方をすれば「子どものいまを幸せにする」という視点で、教育のあり方を見つめ直すことが必要だといえます。すなわち、ウェルビーイングは、学校教育のあり方を考えるうえでのフィルターだととらえるとよいのではないでしょうか。

「第４期教育振興基本計画」の記述のなかでもう一つ注目したいのが、「子供たちのウェルビーイングを高めるためには、教師のウェルビーイングを確保することが必要」だと指摘している点です。

これまで、日本の教育は「子どものため」という合言葉のもと、教員が自己犠牲を払いながら、教育活動に従事してきました。放課後、子どもが質問に来たときに「勤務時間外だから」などと言って断ろうものなら、子どもからの信頼を失い、保護者からクレームが寄せられることでしょう。そのため、多くの教員はサービス残業をする形で、子どもからの質問を含め、（本来、学校が担うことではない）雑多なことを引き受けてきました。その結果、教員の勤務時間は世界で最も長くなり、精神疾患による休職の増加や教員志望者の減少などの問題を生んでいます。

民間企業では、営業時間外の電話には基本的に対応しませんし、商業施設も営業時間外の入場は認めません。そんな当たり前が、学校では「子どものため」という合言葉のもとでないがしろにされてきたわけです。そうしたなか、「第４期教育振興基本計画」が「教師のウェルビーイング」を提起したことには大きな意義があります。

［注②］このたびの大臣諮問に付された「参考資料」に掲載された「ウェルビーイングに関する国際比較調査」によると、「人生の満足感尺度」については諸外国に比して低いものの、「協調的幸福感尺度を使うと平均値が概ね同じ」と指摘されている。この点に着目すると、日本人は、（個人としてよりも）他者とのかかわりを通して幸福感を覚えるという傾向がうかがわれる。

〈引用・参考文献等〉

●中央教育審議会「『令和の日本型学校教育』の構築を目指して～すべての子供たちの可能性を引き出す、個別最適な学びと、協働的な学びの実現～（答申）」（２０２１年１月26日）
●閣議決定「教育振興基本計画（第４期）」（２０２３年６月）
●厚生労働省ウェブサイト「我が国の人口について」（２０２５年１月５日確認）
●総務省統計局「人口推計（２０２３年（令和５年）10月１日現在）」（２０２５年１月５日確認）
●ａｕフィナンシャルプランナー「【支援制度も！】子ども一人にかかるお金はいくら？　年代別の内訳も解説」（２０２５年１月５日確認）
●OECD「Looking to 2060：Long-term global growth prospects」
●週刊ダイヤモンド「データと写真で見る平成30年間の大変化」（２０１８年８月25日号）
●内閣府「目指すべき日本の未来の姿について」（２０１４年２月24日）
●パーソルウェブサイト「人手不足の現状と原因　業界別データと６つの解決策・事例も解説」（２０２５年１月５日確認）
●リクルートワークス「未来予測２０４０ 労働供給制約社会がやってくる」（２０２３年３月）
●出入国在留管理庁「外国人材の受入れ及び共生社会実現に向けた取組」（２０２４年12月）
●出入国在留管理庁ウェブサイト「令和６年入管法等改正法について」（２０２５年１月５日確認）
●永吉希久子（２０２０）『移民と日本社会 データで読み解く実態と将来像』（中公新書）
●国立社会保障・人口問題研究所「日本の将来推計人口（令和５年推計）」
●冨山和彦（２０２４）『ホワイトカラー消滅 私たちは働き方をどう変えるべきか』（ＮＨＫ出版）

●三菱総合研究所 in collaboration with Lightcast「スキル可視化で開く日本の労働市場　生成ＡＩの雇用影響を乗り越えるスキルベースの労働市場改革」（２０２３年９月）
●国連持続可能開発ソリューションネットワーク（SDSN）「World Happiness Report 2023」

第2章

国は
どのような
「学力（資質・能力）」を
子どもたちに
求めようとしているのか

Question

08

「持続可能な社会の創り手」とは、具体的にどのような人材なのか

本章では、第1章で述べた社会が到来することを念頭に、国はどのような「学力（資質・能力）」を子どもたちに求めようとしているのかについて、大臣諮問にあるキーワードから紐解いていきます。

これからの時代に必要な力として、よく言われるものの一つが「答えのない問い」に向き合う力です。この言葉は、中央教育審議会答申「『令和の日本型学校教育』の構築を目指して〜全ての子供たちの可能性を引き出す、個別最適な学びと、協働的な学びの実現」（2021年1月）において、次のように示されています。

「『予測困難な時代』であり、新型コロナウイルス感染症により一層先行き不透明となる中、私たち一人一人、そして社会全体が、答えのない問いにどう立ち向かうのかが問われている」

この言葉にあるように、コロナ禍では感染拡大防止を最優先すべきか、経済活動を維持すべきか、人々の行動をどこまで制限すべきかなど、私たちは「答えのない問い」に直面しました。同様に、地球温暖化や食糧問題、国際紛争なども「答えのない問い」であり、「VUCAの時代」

を生きていくこれからの人材には、こうした問いに向き合い、その改善・解決の道を模索していく力が必要になると言われています。

今回の大臣諮問においてもそうした認識に立ち、「正解主義」からの「脱却」という言葉を示し、「持続可能な社会の創り手」を育成していくことの必要性を謳っています。この「持続可能な社会の創り手」という言葉は、「令和の日本型学校教育」を提唱した中央教育審議会の答申（2021年）や「第4期教育振興基本計画」（2023年）にも登場する言葉で、今後育成すべき人材像を集約する言葉として使われています。

とはいえ、この「持続可能な社会の創り手」という言葉は抽象的で、具体的にイメージしづらいのではないでしょうか。社会を創っているのは人間社会であり、それを維持することも当たり前の目標ですから、理想論的で新奇性を感じないという感想も聞こえてきそうです。

この言葉を読み解くうえでカギを握るのは、その直前にある「当事者意識」という言葉だと筆者はとらえています。どの子も「自分自身が社会を創る当事者であり、自らアクションを起こすことで社会はよいほうにも悪いほうにもいくという意識をもつこと」を求めているように思われます。

ただし、この「当事者意識」という言葉は、先述した「令和の日本型学校教育」の答申にも「第4期教育振興基本計画」にも出てきません。この言葉の源流を遡ると、一つの資料にたどり着きます。OECDが2019年に取りまとめた「ラーニング・コンパス（学びの羅針盤）2030」

です。

これは、ＯＥＣＤが世界各国の政策立案者・研究者・校長・教師・生徒・財団・民間団体などを集め、これからの時代を生きていくうえでどのような知識やスキル、価値・態度が必要かをまとめたものです。その中心概念の一つとして「エージェンシー」という言葉が示されています。「生徒エージェンシー」とは「社会参画を通じて人々や物事、環境がよりよいものとなるように影響を与えるという責任感をもっていること」だと示されています。やや難解な言い回しですが、よく置き換えられるのが、さきほど挙げた「当事者意識」なのです。

「当事者意識」と「持続可能な社会の創り手」という言葉について、もう少し掘り下げて考えてみましょう。私たちはさまざまな組織・集団の一員として、過ごしています。小さな単位で言えば「家族」の一員であり、「地域」の一員であり、大きな単位で言えば「会社」や「自治体」「国」の一員です。さらに言えば、「世界」の一員でもあります。これらのコミュニティに対し、「当事者意識をもって行動する資質がエージェンシーだ」ということです。

「家族」であれば、多くの父親や母親は家庭生活をよりよくするため、仕事に勤しみ、適度に遊びつつ、過度な贅沢を控えるなど、家庭が「持続」するよう、「当事者意識」をもった行動をするでしょう。しかし、これが「地域社会」となれば、どうでしょうか。自分がその構成員であることを意識しながら行動する人の割合はけっして多くはないはずです。さらには、「会社」「自治体」「国」「世界」と、組織・集団の規模が大きくなるにつれ、「当事者意識」は薄れる傾向にあります。

所属する組織・集団を取り巻く状況が悪くなっても、「エージェンシー」がなければ、人はなんらかのアクションを取ろうとはしません。会社の経営が悪化しても、それをどうにか立て直そうとはせず、上司の指示に従いながら淡々と仕事をこなすことに終始するからです。もちろん、すべての人が当事者意識をもって働くのはむずかしいでしょうが、組織・集団の構成員の大多数がそうした「他人事意識」をもってしまえば、悪化した状況を改善するのは至難の業です。

それとは逆に、構成員の多くが「エージェンシー」をもっていれば、互いに知恵をもち寄り、前向きで建設的な対話ができるはずです。「会社が悪い」などと言う前に業績回復に向けて自分ができることを考え、周囲の人たちと協働しながら、問題解決に向けてアクションを起こすことでしょう。「家族」や「会社」などの単位だけではなく、「自治体」「国」さらには「世界」などの単位においても行動を起こせる人が増えれば、社会はよき方向へと進んでいけます。

しかし残念ながら、日本の学校教育はそうなってはいません。日本財団が行った高校生への意識調査では、「自分で国や社会を変えられると思う」と答えた若者の割合が日本は18・3％と、他国に比べても圧倒的に低い状況にあります。この事実は、日本の教育システムが当事者意識を育むものになっていなかったことの表れだと指摘することもできます。

今回の大臣諮問が、「当事者意識」をもった「持続可能な社会の創り手」という言葉を示しているのは、そうした反省に立っているからだと読み解くことができるのです。

Question 09

問題を「解決」するだけでなく、「発見」する力が必要なのはなぜか

これからの社会を生きる子どもに必要な資質・能力の一つとして、今回の大臣諮問には「問題を発見・解決できる『持続可能な社会の創り手』」という言葉が示されています。この「発見・解決」する力の育成も、最近の教育界では求められています。

ただ、「解決」についてはイメージできても、「発見」する力については、なぜそれが必要なのか、そもそも問題を「発見」するとはどういうことなのか、いま一つ腑に落ちていない人もいるのではないかと思います（探究学習などでも、教員が問題〈テーマ〉を示している授業を見かけます）。「発見」する力が必要なのはなぜか。それは、問題が必ずしも世の中に顕在化しているわけではないからです。場合によっては、私たちの目に見えないレベルで問題が深刻化し、表に出てきた段階では手がつけられない状況になっていることもあります。

たとえば、教育界では近年、「ヤングケアラー」という言葉がよく聞かれるようになりました。「家族の介護その他の日常生活上の世話を過度に行っていると認められる子ども・若者」のことで、近年になってその存在に光が当てられるようになり、国や自治体による支援が行われるよう

になりました。

しかし、「ヤングケアラー」は、近年になって突如として現れたわけではありません。もう何十年も前から、そうした子どもはいましたし、学校の教員も地域の大人たちも、それとなく気づいてはいたものの、社会問題だとは認識されていませんでした。裏を返せば、これが「問題」として発見されたことで、行政的な支援が講じられるようになったと考えることができます。

同様に、近年になって発見され、対策や支援が講じられるようになった問題は多々あります。「メンタルヘルス」「ＬＧＢＴＱ」「空き家問題」「ヒートアイランド」なども、長く社会に潜在しつづけたものの社会的に認知されておらず、比較的近年になって顕在化した問題だと言えるでしょう。こうして考えても、住みよい社会を築いていくうえで、問題を発見する力が重要であることがわかります。

では、日本の学校教育がそうした資質・能力を育ててきたかと言えば、けっしてそうとは言えません。そもそも、学校の授業で問題を発見したり、解決したりする場面は限られています。

一方で、問題発見・解決能力が重要だという指摘は、ずっと以前から多くの人たちがしてきました。そのために導入されたものの一つが、２００２年からはじまった「総合的な学習の時間」です。この時間では、子どもたちが「自ら課題を見付け、自ら学び、自ら考え、主体的に判断し、よりよく問題を解決する資質や能力を育てる」ことが目指されました。

しかし、導入前後から当時の学習指導要領は、猛烈なバッシングにさらされました。いわゆる

「ゆとり教育批判」です。「総合的な学習の時間」に対しても、「教科の授業を減らして、そんな時間を設ければ学力が下がる」といった批判が寄せられました。その結果、約10年後に改訂された学習指導要領では、年間の授業時数が「105〜110」から「50〜70」に削減されました。

問題発見・解決能力の育成という点では、大きな後退だったと言えます。

問題を解決していくうえで基盤となるのは知識や技能です。しかし、それらを保有していれば問題を解決できるわけではありません。それらを活用して解決に向けた方策を考える力、すなわち「思考力」が必要となります。

日本の学校教育は、「知識」「技能」の習得という点では、世界的に見てもトップレベルにあります。この点は3年に一度行われる「OECD生徒の学習到達度調査」（PISA）の結果からも明らかです。

一方、それら知識や技能を活用して思考する力（思考力）については、全国学力・学習状況調査などにおいても課題があると指摘されつづけてきました。2020年から順次実施された学習指導要領では、育成を目指す資質・能力の三つの柱の一つとして「思考力、判断力、表現力等」を掲げたのもこうしたことが背景にあります。そのような意味で現行学習指導要領は、かつてバッシングを受けて挫折した2002年実施の学習指導要領の復刻版であるとの見方もできます。

そもそも、私たちが学校教育を通じて学ぶ知識及び技能は、きわめて膨大であり高度です。特に中学校以降の学習内容は世界的に見てもハイレベルで、それが国際学力調査の結果に反映している側面もあるでしょう。一方で、そうして習得した「知識及び技能」の多くは、社会に出れば忘れてしまいます。なぜ、忘れてしまうかと言えば、活用する場面がほとんどないからです。

たとえば、中学校1年生で学ぶ数学の「一次方程式」にしても、エンジニアなど一部の職種を除けば、大半の大人は活用することがありません。同様に、理科の「振り子の法則」、社会科の年号や固有名詞なども、大半の人は日々の仕事や生活で活用することはまずないでしょう。もちろん、こうした知識や技能がまったく役に立たないわけではありませんが、多くの人が役に立てていない事実には目を向ける必要があります。

たとえば、日々の買い物や家計のやり繰りなどにおいて、私たちは数学的な知識及び技能を活用しています。とはいえ、使っているのはせいぜい足し算や引き算、掛け算や割り算程度で、方程式や関数を使っている人はほとんどいません。しかし、方程式や関数をうまく使えれば、より最適に買い物や家計のやり繰りができる可能性はあります。こうした例は、数学以外の教科も含め、ほかにもたくさんあるはずです。

ではなぜ、せっかく学んだ知識や技能を活用しようとしないのでしょう。それは、学校教育で学んだ「知識及び技能」がどのような場面で有効活用できるのかを知らない（能力はあっても「使い方を知らない＝使えるという発想をもっていない」）からです。

先述した方程式や関数で言えば、単なる数式や記号を操作する技能として習得されているにすぎず、実生活とリンクしていないということです。しかし、このように言うと、首をかしげる方もいるかもしれません。全国学力・学習状況調査を見ても、実生活とリンクさせている設問は多いはずだ…と。

確かに、実生活の一場面に基づいて解かせる設問は数多くあります。しかしそれは、問題を解かせることに主軸が置かれ、受験者が行った（プロセスを含む）解法が、実生活のどのような場面でどのように使えるかを学ぶものとはなっていません。

なぜ、そうなのでしょうか…私見を述べれば、特定の教科においては特に、「実生活の事象（具体）から帰納的に原理や法則（抽象）を理解できるようにすることをよしとする」という風潮があることが、その理由の一つとして挙げられるように思います。

ここでも発想の転換が必要だと思います。（教師による画一的な指導ではなく、教師と子ども、そして子ども同士の対話を通じて）原理や法則を学習し、そのうえで「身につけた知識や技能が、実生活の『どのような場面で』『どのように使えるか』を演繹的に学べるようにすれば、実生活で『知識及び技能』を活用しようとする確度は向上する」ように思うのです。

いずれにしても大切なのは、授業での学びを実生活に結びつけることであり、2020年度から順次実施された学習指導要領においても、そのことは重視されています。そうした学びを通じて、「知識及び技能」を活用する力、「思考力、判断力、表現力等」を養い、「問題発見・解決能力」を育むことが、次期学習指導要領においても目指されているのです。

Question 10 「思考力」という曖昧な概念をどうとらえたらよいのか

［Question 09］で「問題発見・解決能力」を高めるうえで、「思考力が大切だ」と述べました。この「思考力」については、学校教育法第30条第2項で「思考力、判断力、表現力その他の能力」と明記されて以降、現行学習指導要領の「資質・能力の三つの柱」の一つに据えられ、教育界ではとてもよく使われる言葉です。

ここで注目したいのは、（「判断力」や「表現力」に比べ）「思考力」という言葉は曖昧で、とらえどころがない点です。たとえば、「あの人は『判断力が優れている』『表現力が優れている』」と表現することはあっても、「思考力が優れている」と表現することはあまりないのではないでしょうか。もし、他人から「思考力があるね！」などと言葉をかけられたとしても、自分のどのようなところを指してそう言っているのかわからないと思います。

この「思考力」という言葉については、「クリティカルシンキング」や「ロジカルシンキング」という言葉に置き換えるとイメージしやすいのではないかと筆者は考えています。

まず「クリティカルシンキング」は、「批判的思考」と訳されますが、けっして誰かを批判する能力を指すわけではありません。誰かが言ったことを鵜呑みにすることなく自分でも調べ、事象を客観的に分析し、合理的に判断する能力のことを指します。

もう一方の「ロジカルシンキング」は、「論理的思考」と訳され、事象を論理的にとらえ、推論を重ねて結論を得る能力のことを指します。たとえば、Aという事実からBという原因を類推し、そこからCという結論を得る…といった具合に、物事を順序立てて考える能力だと言うことができるでしょう。

この「クリティカルシンキング」も「ロジカルシンキング」も、近年はビジネス界では必須の資質としてとらえられており、その向上を図る研修やトレーニングなどがさまざまな場所で行われています。「VUCAの時代」を生きるこれからの人材には、不可欠な資質・能力だととらえられているのです。

この二つの資質のうち、特に「ロジカルシンキング（論理的思考）」については、教育界でもこれを高めることの重要性が指摘されてきました。文部科学省の有識者会議「小学校段階における論理的思考力や創造性、問題解決能力等の育成とプログラミング教育に関する有識者会議について」が公表した「議論の取りまとめ」（2016年）では、「ロジカルシンキング（論理的思考）」の重要性を指摘し、この提起に基づいて推進されているのが「プログラミング教育」です。

中学校では主として「技術科」、高校では主として「情報Ⅰ」で行われており、小学校でも2020年度から必修化され、さまざまな教科で取り組まれています。Scratch（スクラッチ）や

Viscuit（ビスケット）など小学校低学年から使えるアプリも多数登場し、中学校や高校では「Life is Tech！」のように、年間を通じて体系的にプログラミングが学べる教材もリリースされています。

ところで、プログラミング教育がなぜ、論理的思考力を高めることになるのか、不思議に思う人もいるかもしれません。端的に言えば、コンピュータに意図した処理を行わせる「手順」をつくるのがプログラミングであり、その作業プロセスを通じて物事を論理的に考える力を高められると考えられているからです。

たとえば、ディスプレイに正三角形を表示させたいのであれば、「①ペンを下ろす→②長さ100進む→③左に120度曲がる→④長さ100進む→⑤左に120度曲がる→⑥長さ100進む」といった手順を入力します。

これはごく単純なプログラミングですが、生きているようにキャラクターを動作させたいのであれば、この「手順」は複雑になります。適切な手順をつくれなければ、キャラクターは動かないか、動いたとしても意図した動きにならないわけですから、トライアル&エラーが必須となります。

「プログラミング教育」と聞くと、プログラミング言語を覚えたり、ゲーム・アプリの開発スキルを身につけたりすることのように思う人がいるかもしれませんが、右に挙げた試行錯誤を通して物事を順序立てて考える力、すなわち「論理的思考力」を養うことに主たる目的があるのです。

実際、プログラムコードを生成できるAIの台頭によって、単純な「手順」をコーディングするプログラマーの多くは職を失い、新たなアーキテクチャを構想したり既存のシステムをメンテナンスできたりする人が残る業界になるであろうことが指摘されています。その点を考慮しても、コーディングスキルを習得すること自体ではなく、論理的思考力を養うことのほうが有益だという指摘には説得力があります。

さらに生成AIについて言えば、プロンプト（指示や質問）次第で、アウトプットの精度が大きく変わります。このプロンプトにはコツがあり、目的の説明、場面と役割の設定、出力方法を明確にすることが重要です。ここでも「手順」が大切であり、やはり論理的思考力を有していることが欠かせません。

加えて生成AIは時折、事実ではない情報をアウトプットすることがあります。これを「ハルシネーション」と言い、あまりにも淀みなく虚偽情報がつらつらと出てくるため、なにも知らない人は事実だと誤認してしまいかねません。そうした誤りを見破るためには、AIが出力した情報を鵜呑みにせず、客観的に分析して合理的に判断する能力、すなわち「クリティカルシンキング」が必須の能力となります。

生成AIに限らず、現代社会には誤った情報が数多く飛び交っています。SNSには、悪意をもってフェイクニュースを流す人もいますし、悪意はないものの事実を誤認して情報を拡散させてしまう人もいます。新聞やテレビ、雑誌が流す情報にしても、すべてが真実とは限りません。

過去には信憑性の低い情報や明らかな誤報によって世間に間違った認識を与え、特定の人たちに風評被害をもたらしたことも多々あります。

近年、社会に流通する情報量は爆発的に増えており、その増加は今後もつづくものと予測されています。スウェーデンのエリクソン社が公表した資料（２０２２年11月）によると、２０２８年のデータ流通量は２０２０年の６・８倍にも達するといいます。必然的に、信憑性の低い情報や虚偽の情報の流通量も増えることになるでしょう。こうした社会を生きていく私たちはやはり、情報を鵜呑みにせずに自分でも調べ、客観的に分析して合理的に判断する能力、すなわち「クリティカルシンキング」が不可欠だということです。

これまでの日本の学校教育に目を向けると、そうした資質・能力を育成する場が限られていたように思います。教科書に書かれたことは絶対的な正解であり、その内容を批判的に検証するような場は皆無に等しく、教科書で覚えた知識を試験で正確に再生することが求められてきたからです。

こうしたことも、私たち日本人が「クリティカルシンキング」や「ロジカルシンキング」を不得手としている理由の一つでもあり、そのため多くの企業がリスキリングを行っているとの見方ができます。

Question 11

学習指導要領が「目標」「内容」以外の要素を盛り込んだのにはどんな意図があるのか

次期学習指導要領改訂を目指す今回の大臣諮問は、現行学習指導要領総則に定める基本構造を踏襲しています。その最大の特色は「何を学ぶか（教育内容）」だけでなく、「何ができるようになるか（資質・能力）」や「どのように学ぶか（学習方法）」にまで踏み込んで記述している点だと言われています。

かつての学習指導要領は、実現すべき「目標」と、学ぶべき「内容」を規定するものであり（それゆえに学習指導要領は教育課程の「目標内容基準」だと言われてきました）、各学校段階、学年で学ぶ「知識」や「技能」に基づいて（体育を除く）各教科の教科書がつくられてきました。

小学校の学習指導要領であれば、たとえば小学4年生の国語で「愛」「案」などの字を習うこと、小学2年生の算数で「九九」を習うこと、小学5年生の理科で「振り子」の原理を習うこと、小学6年生の社会で「歴史」を習うことなどが記載されています。

もちろん、学習指導要領が「目標」「内容」を示すものであること自体は、現在でも変わりはありません。ただ、２０２０年度から順次実施された現行学習指導要領の「内容」には「知識及び技能」だけでなく、（教科等によって書きぶりは異なりますが）学んだことを活用する「思考力、判断力、表現力等」を併せて規定している点に、大きな特色があると言えます（資質・能力のもう一つの柱である「主体的に学習に取り組む態度」については、文字どおり態度形成を企図したものであることから、「目標」に定められるにとどまり、基本的に「内容」には登場しません）。

まず「知識及び技能」については「コンテンツ」と訳されることから、これを重視していたかつての教育は「コンテンツベース」と呼ばれています。それに対して「思考力、判断力、表現力等」については「コンピテンシー」と訳されることから、これを重視した教育は「コンピテンシーベース」と呼ばれています。

もちろん、「コンピテンシーベース」を重視するようになったからといって、「知識」や「技能」が軽視されるようになったわけではありません。これまでの［Question］で解説した論理的思考力や問題解決能力も、土台となる知識や技能がなければ、その力を発揮することができないからです。

建築業者が町の一角に建造物を建てる場合を想定してみましょう。前提となるのはやはり知識や技能です。具体的には、建築基準法や都市計画法などに関する確かな知識、建ぺい率や容積率、北側斜線等に基づいて設計するとともに、その建物が地震等によって倒壊しないように構造計算できる技能、ほかにも地盤に問題ないかなどの地理的知識なども必要です。そうした知識や技能があってはじめて、施主の要望や予算に合わせて論理的に考え、問題が生じるのであればそれを解決するプランを立てることが可能となるのです。

このように、「コンテンツ」をベースとして「コンピテンシー」を働かせるようにすることを目指しているというわけです。

それに対してかつての学習指導要領では、「内容」については「知識及び技能」の明記に留めていました。そこには、「『方法』については（地域性や各学校の目指す教育は多様なのだから）教育現場に委ねるべきだ（各学校、教員一人一人の裁量に任せるべきだ）」という理念が根底にあります。

しかし現実には、数学で学ぶ公式、理科で学ぶさまざまな原理など、「知識及び技能」を習得させることに軸足が置かれ、（ほんの一握りの学校・教員を除き）いつ・どこで・どのように活用できるのかを学べるような教育は行われないままでした。競技スポーツに喩えて言えば、戦略や戦術、ポジションも不明確なまま、（いつかきっと役立つだろうという思いのみをよりどころとして）ひたすら筋トレを重ねるような状況にあったわけです。

このように説明すると、これまでの教育現場ではなぜ「コンテンツベース」に偏ってきたのかと、少し不思議に思う人もいるでしょう。もちろん、いくつか理由が挙げられます。

一つは、「学んだことは必ず役に立つ」という考えが、世の中にあったことが挙げられます。これは「実質陶冶」という考え方に根差したもので、哲学などの概念的なものを重視した「形式陶冶」と相対するものと位置づけられます。

実際、現状も小学校段階であれば、学んだことの多くは実生活で役立っています。国語で学んだ漢字、算数で学んだ足し算や引き算、社会科で学んだ都道府県名、理科で学んだ気候などは、日常生活で活用できる場面が多々あります。つまり、小学校段階に関しては「学んだことはいつか役に立つ」という考え方が、現在でもある程度は成立しているということです。これは［Question 06］で解説した「系統主義」にも相通ずる考え方だと言えます。

一方で、中学校や高校で学んだことの多くは、（［Question 09］でも述べたように）実生活で役立てることができていません。「本当なら役立てられるはずなのに役立てられていない知識」もありますが、そもそも「役立てようがない知識」を学んでいる側面もあります。

少し飛躍した話になるかもしれませんが、学校教育は少なからず「人材配置の最適化」というミッションを担ってきたからだと筆者はとらえています。話はやはり「学制」が導入された150年前にさかのぼります。

明治維新の後、日本は欧米列強に対抗できる国づくりを目指し、社会インフラの近代化を図りました。全国に鉄道を敷き、各地に製鉄所や製糸工場をつくり、近代兵器を配備した陸軍・海軍を編制しました。そのために必要となるのが、こうした社会インフラを支える人材の育成であり、適切に監督・指揮できる人材を「見つけ出す」ことでした。そのために公立学校を全国に整備し、国立大学と入試制度を整備していったのです。批判をおそれずに言えば、日本の学校教育は、優秀な人材を選別するためのシステムとして機能してきたということです。

他方、こうした制度が庶民に立身出世の道を開き、封建的な身分制度を打破したことには大きな意義があります。明治時代、国内では「末は博士か大臣か」という言葉が流行したそうで、身分制度から開放された当時の人々の高揚感が伝わってきます。

学校教育が「人材配置の最適化」をするものとして機能してきたという事実は、民間企業の雇用システムからも指摘できます。現状、大企業の多くは大学新卒者の一括採用を行っていますが、ここで選考の基準とされるのはその人の実績やスキルではなく、学歴、人柄、素質などです。そのため「ポテンシャル採用」などと呼ばれます。そして、仕事で必要なスキルは、入社後のOJT（On the job training）やOFF―JT（Off the job training）を通じて培われます。

こうした状況を見ても、学校教育は優秀な人材を選別する役割を担ってきたと言い得ると思います。高度な方程式や英語の文法、古文漢文、歴史の固有名詞など、いつ・どこで活用できるかわからないことをわからないまま学習するのは、「知識及び技能」の吸収力や習得力（見方を変えれば忍耐力）を測定し、社会の人材配置を最適化するためだと指摘できるのです。

ところが、そうした人材配置のシステムが、昨今では機能不全を起こしている側面もあります。そこには、（［Question 01］でも述べたように）社会の変化が短期スパンで起きてしまうようになったことと関係します。つまり、若手のポテンシャルが顕在化するのを待てなくなった（即戦力が求められるようになった）ということです。この状況は教員の世界でも同様のことが起きています。

「コンテンツベース」の教育から「コンピテンシーベース」の教育へと転換を図ろうとしている背景には、こうした側面があると言えます。

Question

12

「同調圧力が働くこと」のなにが問題なのか

今回の大臣諮問には「同調圧力」という言葉が使われています。この言葉は、「令和の日本型学校教育」の答申に登場したもので、日本の子どもたちはその影響を強く受けており、それが生きづらさにつながっていると指摘されています。

とはいえ、「同調圧力」そのものは具体的な行為として目に見えるものではありません。セクハラやパワハラのような公的な定義はありませんし、どのような場合に「同調圧力」が高まってしまうのか、言語化するのはむずかしいものがあります。そのため、ここでは「同調圧力が強い」とされる、日本社会の特質について考えてみたいと思います。

今回の大臣諮問で、「同調圧力」とは対照的な言葉として示されているのが、「異なる価値観を持つ多様な他者」という言葉です。多数派・少数派にかかわりなく一人一人の意見を拾いながら、「誰一人取り残さず」に意思決定をしていくことの重要性を指摘しているわけです。

実社会に出れば、多くの人は周囲と連携・協働しながら働くことが求められます。民間企業では、企画開発部門と販売部門との連携が不可欠ですし、同じ部署のなかでも管理職や同僚とコミユニケーションを取りながら仕事をすることが求められます。

では、日本の学校はこうした資質・能力を育成してきたと言えるでしょうか。もちろん、学校行事や部活動を通じて育まれてきた側面はあるでしょう。しかしながら、各教科における学習は基本的に個別で進められ、入試ではその能力が問われます。部活動においては、年齢による強い上下関係のもとで過度の「同調圧力」が働いていたものと思われます。

日本の学校では、4月1日を学年の基準日として、「満6歳に達した日の翌日以後における最初の学年の初め」(学校教育法第17条)に小学校に入学し、以後、高等学校を卒業(人によっては中学校を卒業)するまでの間、基本的に同年齢の集団で学級が編制されます。

高等学校段階では留年制度がありますし、小・中学校においても制度としては原級留置がありますが、学習面の遅れなどを理由として後者の措置が取られることはありません(日本の教育制度のもとでは、その子の受ける精神的ダメージが大きすぎるからです)。

それに対して、ひとたび実社会に出れば20代から60代まで、さまざまな年齢・年代の人と一緒に仕事をすることになりますし、自分よりも年下の人が上司といったこともざらにあります。このようにまったく異なる価値観が併存する環境に、ある日突然放り込まれるわけですから、部活動やサークルでの異年齢集団経験やアルバイト経験程度では、「多様な他者との協働」という点で十分とは言えないでしょう。

厚生労働省が公表する「新規学卒就職者の離職状況」によると、2021年3月の新規学卒就職者のうち、3年以内の離職率は高卒就職者が38・4％、大卒就職者が34・9％にのぼるなど、約3人に1人は就職後3年以内に離職しています。近年は、「転職」は一つのステップアップとポジティブにとらえる節もありますが、職場の人間関係を起因とする離職も少なくありません。

企業の人事部の人と話をすると、「新入社員とのコミュニケーションがうまく取れない」といった悩みをよく聞きます。この状況は、新入社員側に問題があるというより、異なる時代・異なる価値観のもとで歩んできた新入社員と上司が協働して働くこと、すなわち「異なる価値観を持つ多様な他者」が協働することのむずかしさを表しているように思います。

加えて今後の日本社会は、（第1章でも述べたように）多様化・多国籍化が加速するものと予測されています。そうした社会では、年齢・年代だけでなく、国籍や言語、文化などもバラバラの人たちが、ときに意見をぶつけ合いながら、仕事をしていくことが求められるようになります。

すでに一部の大学では、学生の多国籍化が進んでいるうえに、対話重視の「アクティブラーニング」が求められているため、複数人でディスカッションしなければならない状況がありますが、積極的に発言する留学生とは対照的に、黙り込んでしまう日本人の大学生が少なくないとの話を多くの大学関係者から聞きます。

また、海外から優秀な人材を雇い入れ、職場が多国籍化している企業もあります。日本に進出する外資系企業などは、そもそも多様な国や地域の出身者で構成されています。そうした企業では、さまざまな文化・背景をもつ人たちが互いの知恵をもち寄りながら、新商品の企画開発やマーケティング戦略の立案などを進めています。多様なバックボーンをもつ人間が集まれば、練り上げられる企画や戦略はそれだけ厚みを増すことになります。

とはいえ、構成するメンバーが好き勝手に個人プレーに走れば、そうした集団の強みが発揮されることはありません。その意味でも、一人一人が協働する力を備えていることが欠かせないといえます。

ここで一つ気をつけなければならないのは、ここで言う「協働」は、学校が教育目標などに掲げる「みんな仲よく」や「一致団結」といったスローガンとは本質的に異なるということです。現状の学校が掲げるこれらの目標・スローガンは、どちらかと言えば衝突や摩擦を起こさず、互いが気配りをし合いながら、良好な関係性を維持することに重きが置かれています。しかし、企業組織がこうした空気感に支配されれば、他者をおもんぱかるあまり自分が感じ考えたことを率直に発言することができなくなり、イノベーションを起こせなくなるでしょう。

これからの時代に必要なのは、一人一人が自分の意見をもち、それを出し合い、ときに衝突しながら、よりよいゴールを目指していける「協働」です。そのためには、過剰に空気を読むことはせず、相手の意見にはしっかりと耳を傾けつつも自らの考えを主張し、ときに妥協点を模索しながら合意形成を図っていける資質・能力を身につけている必要があります。

昨今は、サッカーやバレーボールなどのスポーツ界においても、強烈な指導性をもった監督やキャプテンシーをもった主将がけん引するチームよりも、選手間でフラットに意見を言い合いながら「こんなとき、どうするのが適切か」「次はどうするか」などと、対話を通して形にしていけるチームのほうがトーナメントを勝ち上がっています。わかりやすく言えば、「風通しのよい」チームや組織がもてはやされる時代になったと言えるのかもしれません。

協働する力を育成するために、最近の学校では「対話的な学び」や「協働的な学び」のある授業となるように、少人数でのグループ学習を推進したり、プロジェクト学習などにチャレンジしたりしているのを目にします。

その一方で、簡略化された型をなぞるだけの実践にとどまり、十分な成果を得られていないことも多いといった指摘もあります。それでは、かつてのように「活動あって学びなし」などと揶揄されかねません。

いずれにしても、実践がはじまって間もないことでもあり、致し方ない部分もありますが、今後こうした活動が深いレベルで展開されるようになれば、協働する力の育成につながっていくものと考えられます。

Question 13

ことさら「情報活用能力」が強調されているのはなぜか

今回の大臣諮問のなかで、用語として目立っているものの一つに「情報活用能力」があります。この言葉自体、現行学習指導要領にも登場するのでけっして目新しいものではありませんが、大臣諮問ではことさら強調されているように感じます。実際、ニュースメディアのなかには、この点を強調して報道したものもあります。

「情報活用能力＝デジタルツールの活用力」というわけではありませんが、大臣諮問の文章を読むと、デジタル端末を活用した学びの充実と、その結果としての情報活用能力の向上という文脈で書かれているように見えます。

現行学習指導要領の改訂に向けて中教審から答申されたのは２０１６年12月で、この時点ではまだ「ＧＩＧＡスクール構想」は打ち出されていませんでした。その意味で、次期学習指導要領は、デジタルツールの活用を前提とした初の教育課程になるわけで、大臣諮問もその点を意識した記述になっているように思われます。

「ＧＩＧＡスクール構想」以前のデジタル環境は、40台ほどのパソコンが置かれた「コンピュータ室」が1校に1室ある程度で、世界的に見ても大きな後れを取っていました。しかし、そうした状況もコロナ禍で一変し、少なくともハードの配備面に関しては、世界トップクラスに踊り出たことになります。しかし、だからといって現場での活用状況がトップクラスになったわけではありません。

今回の大臣諮問においても、「その効果的な活用は緒に就いたばかり」と指摘しています。実際、端末の活用状況には自治体・学校によって差があり、いまだほとんど使えていないところもあると聞きます。学校にはいまもなお、デジタルが苦手な教員、デジタル端末活用の効果に懐疑的な教員もいるだけに、こうした状況が生じることは、ある程度予想されたことです。

学校教育のデジタル化については、確かに賛否の声があります。デジタル端末を使えば学力がつくわけではないという指摘もありますし、学校間や教員間の格差が生じることへの懸念もあります。子どもの健康面、セキュリティ、ネットいじめ、教員への負担増など、乗り越えなければならない課題が山積しているのも確かです。

しかし、実社会に目を向ければ、誰もがスマホやパソコンを活用し、その恩恵に授かりながら暮らしています。日々の仕事にしても、パソコンやスマホがなければ不便極まりないですし、業務の効率やクオリティも落ちることでしょう。

日常生活でも、ショッピングや趣味娯楽、情報の収集、健康管理、知人との交流に至るまで、スマホやパソコンがなければ成り立たないところまできています。もし、「明日からデジタル機器を使ってはいけません」などと言われたら、仕事面ではパフォーマンスが下がり、生活面では不便さが際立ってしまうでしょう。

そして、これらのことはそのまま、学校教育にも当てはめて考えることができます。デジタル端末の使用を禁止したり、過度に制限したりすれば、子どもたちの学習は矮小化され、社会を生きていくうえで必要な力がつかず、社会が求めていることと学校が目指していることとが乖離してしまうでしょう。

この点については、異論を唱える人もいるはずです。事実、デジタル端末の活用が、子どもたちの学力を高めるかどうかは、学習集団の状態、指導者の授業スキルなどによって大きく変わってきます。仮に受験を突破させることを第一義的に考えるのであれば、教科書ベース、チョーク&トークで進める授業のほうが、理にかなっているという側面もあります。

だからこそ、見失ってはいけないことがあります。それは、なにをもって学力とするかです。もし、現状のペーパーテストの点数イコール学力とするのであれば、教育のデジタル化が効果を発揮できる場面はきわめて限られます。たとえば、テスト問題を自動生成したり、採点を自動化して成績を解析したりするといった副次的な活用にとどまるでしょう。

重視すべきは、「実社会を生きていくうえで必要な資質・能力」という観点から「学力」をとらえることです。すなわち、本章で述べてきた「問題発見・解決能力」や「クリティカルシンキング」などを包含する概念として学力をとらえ、そうした資質・能力を高めるうえで、デジタル端末活用の意義を検証することが必要だということです。

こうした資質・能力を高めるために必要となるのが、「知識」「技能」を活用し、ロジカルに物事を考え、周囲と協働しながら課題解決に当たれる学習活動を創造することです。まさに総合的な学習の時間（現在の高校では総合的な探究の時間、以下「総合」という）は、この課題解決的な学習を教育現場で有機的に行えるようにするために、平成10・11年年告示の学習指導要領で創設されたものでした（総合的であるだけでなく、教科横断的に行えることを意図して、学習指導要領第2章以降ではなく、すべての章の土台となる第1章「総則」に位置付けられたものだと考えられます）。

実際、それから30年近くもの歳月が流れましたが、その過程で教師が筋道をつけた形ばかりの活動に終始するようになった学校も少なくありませんが、なかには「実社会を生きていくうえで必要な資質・能力」を育成するにふさわしい実践もたくさん生まれています。

こうした学習活動において、デジタル端末を活用したほうがよいか否かは、もはや議論の余地がないでしょう。デジタル端末がなければ、（企業の業務の効率やクオリティが落ちるのと同様に）子どもたちが探究的に学ぶうえで不便なことこの上ありません。

ただし、気をつけなければならないことがあります。それは、「デジタルを活用するのは必須だが、デジタルの活用力の育成に重きを置くべきではない」ということです。「デジタルの活用力」などと聞くと私たちはつい、機器やアプリの操作やプログラミングの「技能」、情報通信技術に関する「知識」などをイメージしがちですが、これらを高めることに目を奪われると、学習活動を充実するための手段であるはずのデジタルを目的化してしまいかねません。もし、デジタル機器を操作するスキルは身についたものの、いつ・どこで活用するのかわからないのであれば本末転倒です。

他方、近年は「ネットいじめ」や個人情報の流出、著作権の侵害などの問題がありますし、公序良俗に反する不適切な動画を、子どもが自ら配信サイトにアップしてしまうという問題も起きています。加えて、2024年には「闇バイト」や「トクリュウ」といった言葉も頻繁にニュースになりました。

今後はさらに巧妙化した犯罪も登場する可能性があり、情報の真偽を見極める力をつけることも含め、デジタル技術の活用に際しては、メディア・リテラシーを養うことがより重要性を増すことでしょう。

デジタル活用について詳しくは第4章で取り上げますが、ここでは最後に、中央教育審議会の分科会の一つとして2024年9月に発足した「デジタル学習基盤特別委員会」に触れておきたいと思います。同委員会は2024年11月に「デジタル学習基盤に係る現状と課題の整理」をとりまとめており、現行の学習指導要領「総則」で明記されている「情報活用能力」について取り上げ、改めて「学習の基盤となる資質・能力」の一つであることを示しています。

Question 14

「グローバル人材」のあり方はどのように変化しているのか

「国際化」「グローバル化」などの言葉は、1980年代に入ったころから使われつづけてきた言葉なので真新しさこそありませんが、企業の海外進出や国際競争力を見据えて使われていたころに比べ、そのあり方は明らかに変化してきています。今回の大臣諮問でも、「内なるグローバル化」という、以前とは異なる表現を使っています。

かつて「グローバル人材」と言えば、いわゆる商社マンや外交官など、外国語が話せて海外で活躍する人材を差す言葉として使われていました。もちろん、いまもそうした人たちがグローバル人材であることに変わりはないのですが、そのすそ野が広がってきています。

たとえば近年、外資系企業が数多く日本に進出し、そこで働く日本人も増えてきました。経済産業省の「外資系企業動向調査」によると、日本に進出している外資系企業は2020年3月末時点で2808社にのぼり、最近ではアジアからの進出、非製造業の進出が目立ちます。

外資系企業のなかには、役員などの経営陣が外国人であったり、そこで働く従業員がさまざまな国の出身者で構成されていたりすることもあります。なかには、職場で日常的に英語が飛び交っている企業もあります。加えて、国内企業においても、さまざまな国籍の人たちが在籍し、英語が使われている国もあります。

たとえば、楽天グループでは2012年、社内で使用する公用語を英語にしました。社内には現在、70以上の国・地域からの外国籍社員が働いており、その割合は全社員の約2割を占めます。また、社員のTOEIC平均スコアは830点にものぼるといいます。ユニクロやホンダなどの企業も、英語の公用語化に踏み切っています。

実際、英語の公用語化が有効なのか、成果を出せているのかは定かではありません。一部では、日本人同士がわざわざ英語を使って会話することに懐疑的な人もいます。とはいえ、英語を公用語にする企業が増えていることは事実で、これからの時代を生きる人たちにとって英語の重要度が高まっていく可能性は高いでしょう。

もちろん、英語を話せる人＝グローバル人材という単純な話ではありません。グローバル社会を生きていくうえでは、英語以外にもさまざまな資質・能力が求められますし、たとえ英語が片言であっても、高い国際感覚をもってグローバルに活躍する人はいます。逆に、英語が流ちょうに話せたとしても、国際的な感覚がなかったり、そもそもコミュニケーション能力が低かったりすれば、国際社会で活躍することはできません。

では、現時点において「グローバル人材」とは、どのような人材のことを指すのでしょうか。実は文部科学省が「グローバル人材の育成について」という資料のなかで、次に挙げる資質をもった人材だと示しています。

語学力・コミュニケーション能力／主体性・積極性／チャレンジ精神／協調性・柔軟性／責任感・使命感／異文化に対する理解と日本人としてのアイデンティティー／幅広い教養と深い専門性／課題発見・解決能力／チームワークと（異質な者の集団をまとめる）リーダーシップ／公共性・倫理観／メディア・リテラシー　等

一見すると、「これが本当にグローバル人材と関係するの？」と思うようなものもあり、誰もがイメージする「語学力・コミュニケーション力」以外にも、実に多くの資質が挙げられているのがわかります。

これらの資質を見て、あることに気づいた人もいるのではないでしょうか。実は、本章で取り上げてきた資質・能力、すなわち「これからの時代を生きる子どもたちに必要な資質・能力」と、一致するものが多いのです。

たとえば「主体性・積極性」は、［Question 08］で解説した「当事者意識」や「エージェンシー」に相通ずる概念ですし、「協調性」「異文化に対する理解」は［Question 12］で解説した「異なる価値観を持つ多様な他者」と連携・協働する力と類似する概念です。

また、「課題発見・解決能力」は、［Question 09］で解説した「問題発見・解決能力」とほぼ同じですし、「メディア・リテラシー」は「Question 13」で解説した「情報活用能力」の一要素に位置づけられます。このように、これからの時代に必要な資質・能力は、グローバル人材に必要な資質・能力と、かなりの部分で一致するのです。

グローバル人材に必要な資質・能力を身につける方法の一つとしてよく挙げられるのは、海外の大学に進学・留学することです。これは英語の習得という文脈にとどまらず、上述するさまざまな資質・能力を身につけるうえで効果的だとされています。その点で、日本はどのような状況にあるのでしょうか。

文部科学省の調査によると、日本人の海外留学者数は2004年に8万2945人でピークになり、その後は減少をつづけ、2022年は5万8162人にとどまっています。ここ数年はコロナ禍の影響もありましたが、18年間で実に3割も減った計算になります。一方、海外に目を向けると、過去20年で中国やインドは大幅にその数を増やしており、韓国も増加しています。アジア各国が海外留学生を増やしつづけるなかで、日本は減少しつづけているのです。

一方、大学在学中の海外留学ではなく、高校卒業後に直接、海外の大学へ進学するような流れもあります。たとえば、私学の中高一貫校である広尾学園は、2023年度卒業生のうち実に200名が海外大学に合格しました（延べ人数なので、一人で複数大学に合格している数もカウントされています）。ほかにも、私学では開成高校や渋谷教育学園渋谷高校、公立では東京都立国際高校などが、海外の大学への合格者を数多く出しており、進学先もイェール大学、ロンドン大学、ボストン大学、北京大学など、錚々たる顔ぶれが並びます。
このように、日本の子どもたちは海外留学志向が低い傾向がある一方で、一部の進学校では積極的に海外の大学への進学を後押ししています。このような状況から、「グローバル人材」という観点からも、日本の子どもたちの学ぶ環境が二極化している状況が読み取れます。「グローバル人材としての資質・能力＝これからの時代を生きるうえで必要な学力」と考えれば、一部の限られた子どもたちだけが身につければよい話にしてしまいかねません。そのため、こうした状況をしっかり踏まえたうえで、次期学習指導要領においては、グローバル人材育成も視野に入れつつ、バランスのとれた仕組みを整えていく必要があると言えます。

〈引用・参考文献等〉

●中央教育審議会「『令和の日本型学校教育』の構築を目指して～全ての子供たちの可能性を引き出す、個別最適な学びと、協働的な学びの実現～（答申）」（２０２１年1月26日）
●閣議決定「教育振興基本計画（第４期）」（２０２３年6月）
●ＯＥＣＤ（経済協力開発機構）「ＯＥＣＤラーニング・コンパス（学びの羅針盤）２０３０」（２０１９）
●日本財団「18歳意識調査」（第20回テーマ：「国や社会に対する意識」９カ国調査）（２０１９年11月）
●鈴木寛（２０２１）「未来を拓く新しい学び ２０３０年を見据えた〝学びの羅針盤〟（ラーニング・コンパス）」ぎょうせい教育ライブラリー
●こども家庭庁「ヤングケアラーについて」

●国立教育政策研究所「令和５年度全国学力・学習状況調査の結果」
●小学校段階における論理的思考力や創造性、問題解決能力等の育成とプログラミング教育に関する有識者会議「小学校段階におけるプログラミング教育の在り方について（議論の取りまとめ）」（２０１６年６月）
●総務省「令和５年版 情報通信白書 新時代に求められる強靭・健全なデータ流通社会の実現に向けて」（２０２３年７月）
●Ericsson "Ericsson Mobility Visualizer"（２０２２年11月）
●厚生労働省「新規学卒就職者の離職状況（令和３年３月卒業者）」（２０２４年11月）
●厚生労働省「第６回21世紀成年者縦断調査（国民の生活に関する継続調査）結果」
●時事ドットコム「授業時数など、学校の裁量拡大へ『情報活用能力向上を』―学習指導要領改定、諮問・文科省」（２０２４年12月25日配信）
●経済産業省「外資系企業動向調査（２０２０年調査）」
●長瀧菜摘（２０１８）「楽天は『英語公用語化』でどう変わったのか」東洋経済ONLINE
●グローバル人材育成推進会議「グローバル人材育成推進会議中間まとめ」（２０１１年６月）
●文部科学省「『外国人留学生在籍状況調査』及び『日本人の海外留学者数』等について」（２０２３年３月）

第3章

国は
どのような改訂を
目指そうとしているのか

Question

15

「社会に開かれた教育課程」は次期改訂でも引き継がれるのか

本章では、子どもたちに必要な学力をつけるためにどのような改訂を目指そうとしているのか、現行の学習指導要領から引き継がれた実践や概念も含め、考えていきたいと思います。

今回の大臣諮問では「子供の社会参画の意識」が低い点を課題として挙げ、「持続可能な社会の創り手」の育成が必要だと述べています。いずれも、子どもと社会とのつながり、すなわち学校の学びを実社会につなげていくことを意識した記述です。

これらの文言の根底にあるのは、現行学習指導要領の掲げる「社会に開かれた教育課程」です。「社会に開かれた教育課程」は、前回改訂において最上位目標として示されたものであり、「主体的・対話的で深い学び」「カリキュラム・マネジメント」などの概念は、そのための手段だと位置づけることもできます。次期学習指導要領において、同じ言葉が使われるかわかりませんが、現状で「社会に開かれた教育課程」の実現は道半ばであり、これを目指していくこと自体に変わりはないでしょう。

では、そのためにどのような実践が必要なのでしょうか——具体的に、以下の三つが挙げられると考えます。

1　教育課程を実社会と紐づけること

まず、「本当に実社会で必要なものなのか」という視点から各教科・各単元の学習内容を一つ一つ丁寧に検証・精査することが挙げられます。その結果、必要性が低いと判断されるなら縮減し、不必要であれば削減したうえで、その分を「問題発見・解決能力」や「思考力、判断力、表現力等」を育む時間に充てられるようにするのです。

各教科で学ぶ「教育内容」については今後、中央教育審議会で本格的に議論されることでしょうが、右に挙げた視点からどれだけ思い切った「精選」を行えるかが分水嶺となってきます。

先述したように、平成10・11年に告示された学習指導要領では学習内容を約3割削減しましたが、その後「学力低下を招く」などと社会的なバッシング（ゆとり教育批判）を受けました。当時、批判に対する反論が十分にできなかったこともあり、平成20・21年に告示された学習指導要領では元に戻す方向へと舵が切られました。

これは大きな挫折であり、当時のトラウマはいまも多くの教育関係者に残っています。そして現状の学校は、「カリキュラム・オーバーロード」などと呼ばれる過重積載のもとで、子どもも教職員も潰れかかっています。

こうした課題解決に向けて、中教審において次のような議論が起きるのではないかと推測されます。

●学習指導要領に定める「学習内容」そのものを減らすか。

●学習指導要領に定める「学習内容の取り扱い方」を変えるか。

↓大臣諮問では「学習内容の学年区分に係る弾力性を高める」という記述があります。

●たとえば教科書の使用義務（学教法第34条）の縛りを緩和する（あるいは教科書の定義を変える）などの措置を講じて教科書の「内容」の網羅的指導から脱却し、less is moreの考えに基づいて「内容」を重点化した指導にシフトするか（京都大学の石井英真准教授によると、標準授業時数は減少しているものの、教科書はこの50年の間に小学校で約3倍、中学校で1・5倍まで頁数が増加していると言います）。

↓大臣諮問では「教科書の内容が充実し分量が増加した一方、網羅的に指導すべきとの考えが根強く存在し、負担や負担感を生んでいるとの指摘がある中で、新たな学びにふさわしい教科書の内容や分量、デジタル教科書等の在り方をどのように考えるか」という記述があります。

●標準授業時数の運用方法を変えて教育課程をより大綱的に編成できるようにするか。

↓大臣諮問では「教育課程特例校制度や授業時数特例校制度等を活用しやすくする」という記述があります。

●一コマの授業時間を減らすか。

↓大臣諮問では「単位授業時間や年間の最低授業週数の示し方についてどのように考えるか」という記述があります。

このように方法はいくつも考えられますし、どれか一つが選択される可能性もあれば、複合的に組み合わされる可能性もあります。いずれにしても、さまざまな調査と実践研究によって理論的根拠は十分に積み上がっており、いまなら世間的な批判にも反論できるはずです。

2 子どもたちの「学び方」を実社会で役立つものに変えていくこと

（［Question 11］でも述べたように）子どもたちは「いつ・どこで活用できるかわからない」道具を手にしようとするかのように、日々新しい知識や技能を習得していかなければならない状況があります。こうしたあり方を改め、社会や地域の問題を発見し、その解決を図っていけるような学習活動を設定し、そのプロセスを通じて知識や技能を習得できるようにするのです。そうした学びを創造することで、自分たちが身につけた知識や技能を実社会でどう活用し得るのか、その生かし方を子どもたちはマスターしていけると考えられます。

そのための実践の一つと言われているのが、（［Question 09］でも述べた）「探究」で、すでに一部の学校では実践成果が積み上がっています。そうした実践に共通することは、テーマ設定や課題発見の段階から子どもたちに任せ、教員はファシリテーター役に徹していることです。実際、探究的な学びを推進しているフロントランナーとも言うべき教員の多くが、そうしたかかわり方を重視することで成果を上げています。

3　学校のなかに外部の人たちを入れること

これまでも、地域住民や企業人などをゲストティーチャーに招いたり、地元の企業や店舗に出向いたりする実践は数多くありましたが、「探究」のように社会的なテーマや課題を扱うような学習活動を学校の教員だけで継続していくのはさまざまな困難を伴います。この点を解消できる手立てを講じ、子どもたちがよりいっそう実社会とのかかわりをもてるようにするには、学校外の人たちに、学校経営に参画してもらう取り組みをよりいっそう進めることが欠かせません。

とはいえ、一口に「外部人材を入れる」と言っても、実際に行うのは容易ではありません。学校によっては、そもそも地域とのパイプが弱かったり、校区の地域内で軋轢が生じていたり、地域に働きかける余力が学校になかったりするからです。

こうしたことから、外部人材を入れるには、学校と地域を継続的につなげられるコーディネーターの存在が必須となります。しかし、一人の希有な存在に頼るのでは継続性を担保できません。そこで文部科学省も長らく、全国の学校に「学校支援地域本部」を置く取組を推奨してきました。これは、学校がゲストティーチャーを呼んだり、子どもたちが地元の事業者を訪ねたりする取り組みを支援する組織です。現在は「地域学校協働本部」と名称を変え、全国各地で活動が行われています。

また、外部人材の学校経営参画という点では、コミュニティ・スクールの設置が進められてきました。学校や地域の代表者から成る「学校運営協議会」を設置し、そこでのディスカッションを通じて学校を運営するというもので、２０２２（令和４）年時点で、全体の約4割に当たる１万５２２１校が指定を受けており、コミュニティ・スクールの数はいまも増えつづけています。

この点だけ見ると、学校・地域間の連携は滞りなく進み、多くの学校が外部人材を積極的に取り入れているかのように見えます。しかし、「地域学校協働本部」が置かれた学校やコミュニティ・スクールにおいても、実際には外部人材がさほど活用されていないケースも少なくありません。

批判をおそれずに言えば、学校関係者は「地域に開く」ことにどこか後ろ向きで、外部人材との連携に対し、「うまくできるか不安」「子どもたちや保護者の反応が心配」「何か問題が起きたら学校が責任をとらされるし、そもそも面倒」などと感じている方もいることでしょう。加えて、コミュニティ・スクールに関して言えば、自治体が管内の全学校を半ば強制的に指定したようなケースもあり、一部では協議会そのものが形骸化している状況もあると聞きます。

このように、（制度上は整備されていても）どちらかと言えば外に「閉じていた」学校を「開かれた」ものにするには、多くの課題が残されています。ただ、よき事例も数多くあるので、そうした実践を広く共有していくことが、「社会に開かれた教育課程」を実現するうえでのポイントの一つとなりそうです。

Question 16

「カリキュラム・マネジメント」の「実質化」とはどういうことか

現行学習指導要領に係る大臣諮問が示された際（2014年11月）、キーワードの一つとして注目を集めたのが「カリキュラム・マネジメント」です。学習指導要領をはじめとして法令用語としてはなじまない片仮名表記ですが、その後も日本語に置き換えられることなく、学習指導要領に明記されました。それだけ、日本語に置き換えるのがむずかしい概念だとも言えます。

さて文部科学省は、この「カリキュラム・マネジメント」を次のように定義しています。

（「社会に開かれた教育課程」の理念の実現に向けて）学校教育に関わる様々な取組を、教育課程を中心に据えながら組織的かつ計画的に実施し、教育活動の質の向上につなげていくこと

※「小学校学習指導要領解説　総則編」（括弧書きの箇所は筆者が追加）

今回の大臣諮問では、この「カリキュラム・マネジメント」を「実質化」していくことの必要性を述べています。この「実質化」という言葉は、果たしてどのような意味合いとして受け取れ

ばよいのでしょうか。

「カリキュラム」を直訳すれば「教育課程」であり、「マネジメント」は「管理」です。額面どおり解釈すれば、法令が定める各教科等の年間授業時数を適正に実施するように管理・監督することとなります。たとえば、小学校6年生であれば国語が175時間、社会が105時間といった具合に、学校教育法施行規則別表に定める年間の標準授業時数を遵守するように教育課程を編成し、時間割を組むように管理・監督しなさいといった意味になります。

しかし、それは「カリキュラム・マネジメント」のごく限られた一面にすぎません。確かに、標準授業時数の管理は大切なマネジメントの一つですし、最近では小学校の45分授業を「15分×3」にモジュール化するなど、時間割を柔軟にマネジメントする学校もあります。しかし、「カリキュラム・マネジメント」という概念がカバーする領域は、それよりもはるかに広いものです。

起点となるのは、「子どもたちの資質・能力をどのように育成するか」という視点です。第2章で挙げた「問題発見・解決力能力」や「ロジカルシンキング」などといった各教科等を横串で通すような資質・能力も含め、「育成を目指す資質・能力」そのものは学習指導要領に定めるとおりですが、それらをどのように育成していくかは、各学校が地域の実情なども考慮しながら決めるものです。

そのために各学校は最適な教育課程を編成しなければなりません。ここで言う「最適」とは、先述した標準授業時数の管理にとどまるものではありません。教育活動の内容、教職員の組織体制、地域人材の活用なども含め、トータルに組み上げていくことを意味します。

少し極端な例かもしれませんが、たとえば外国籍の人が多い地域にある学校が、「グローバル人材」を育成することを目標に掲げたとします。しかしだからといって（研究開発学校や教育課程特例校などの指定を受けているのでない限り）、外国語科の授業時数を増やした結果、国語科の年間標準授業時数を下回るようなことがあってはならないというのが法令の定める原理・原則です。

しかし、そのような制約があるなかでも、できることはたくさんあります。例を挙げましょう。

中学2年生の「総合的な学習の時間」で「グローバル人材」に係る課題を設定し、その課題解決のために地域に居住する外国人の生活を調べる活動を盛り込みつつ、そこで学んだことを他教科等の学習に紐づけるといった取組です。

具体的には、外国人と交流する学習を通じて、子どもたちが居住地域への関心が高まるタイミングで社会科の単元「近代の日本と世界」を学習する教育課程を編成します。そうすれば、自分たちが「総合」で調べ感じ考えたことと、社会科の授業で学んだこととが結びつき、事実的な知識の習得を越えて、活用可能な実感を伴う概念理解となる可能性があります。

ほかにも、「地元の外国人と話せるようになりたい」という気持ちが高まったタイミングで、地元の外国人をゲストティーチャーとして招聘し、外国語の授業で「外国人として日本で暮らすとはどういうことか」を英語で論じ合うといった活動も考えられるはずです。そうすれば単に語学力が養われるのみならず、子どもたちの視野がぐっと広がることも期待できるかもしれません。

これらの例に共通することは、教科等横断的な視点で教育課程を編成していることです。これも重要な「カリキュラム・マネジメント」の重要な要素です……が、言うは易く行うは難しでもあります。実際に実践するのは容易ではありません。

日本の学校教育は長らく、教科ごとにセパレートされたレーンを走るように時間割を組み、オープンコースのように、ある段階の学習を経た後で他のレーンに入ってもよい（学んだことを他教科の学習と結びつけてもよい）とするような教育課程を経験してきませんでした。そのため、教科間のつながりを意識することなく（その必要性を感じることなく）、授業が進められてきました。

特に中学校は教科担任制であるがゆえに、他教科の教員がどの時期にどんな内容を教えているかを知らないまま、自分の受けもつ教科の授業を粛々と進めるスタイルが確立されました。そんな営みを何十年にもわたって実施してきたわけで、「教科等横断的な視点をもて」と言われても、戸惑う管理職や教員は少なくないでしょう。

とはいえ、子どもたちがこれからの社会を生きる資質・能力を身につけるうえで、教科等横断的な視点は不可欠です。なぜなら、短期スパンで変化しつづける実社会においては、（これまであればおよそ通用した）「とにかくこれだけやっていれば暮らせる」とセパレートされた道を歩んでいける時代ではなくなったからです。

どちらかというと、「（ある程度は）コレもできる、アレもとりあえず理解できた、それならコレとアレを組み合わせれば、さらによりよいものになるはずだ」といったアプローチで、自ら課題を見つけ解決できることが求められます。

（［Question 04］で述べたように）今後、一般事務職員と呼ばれる人たちの仕事もＡＩに取って代わられるのだとしたら生き残りのために、スペシャリストにもゼネラリスト的な素養が求められ、ゼネラリストもまたスペシャリスト的な素養が求められようになることが予想されます（教員もまた専門職としてのホワイトカラーですが、教員の場合はそもそもスペシャリストとゼネラリスト双方の素養を併せもっていると言えるかもしれません）。

このように考えれば、授業で学んだことが教科セクトごとに分離されたままであれば、たとえ各教科等ごとには優秀な成績を収めることができても、（厳しい言い方になりますが）実社会では使えない「知識及び技能」となってしまいかねません。こうしたことが、大臣諮問でも「実質化」という言葉を用いて提起しているのだと考えます。

「カリキュラム・マネジメント」のもう一つの重要な要素は、学校内外に存在する資源（リソース）を有効活用することです。先ほど挙げた例で言えば、地域に存在する外国籍居住者も資源の一つですし、そうした人たちが働く企業、支援を行うＮＰＯ法人やセンターなども資源として活用できるかもしれません。また、学校の図書室に郷土史に関連する図書があれば、そうした資料を活用することもできるでしょう。このように、さまざまな人的資源・物的資源をフル活用することで、子どもたちの学びがより深いものとなる確度を上げていくということです。

加えて、「マネジメント」という点で欠かせないのは、ＰＤＣＡサイクルを通じて改善を図っていくことです。

教育課程を計画（ＰＬＡＮ）し、それを実行（ＤＯ）し、評価（ＣＨＥＣＫ）し、改善（ＡＣＴＩＯＮ）につなげることの重要性は、教育界でも２０００年ごろから指摘されてきました。このうち、「評価」については、各学校で自己評価（学校によっては第三者評価）が行われるようになっていますが、それを「改善」につなげる点では、まだ弱さが残っていると言われています。各学校が掲げる教育目標をどれだけ実現できているかを検証し、改善し、（場合によっては年度途中であっても、教育委員会と連携しつつ）教育課程を再編成するくらいのことが今後必要となってくるでしょう。

いずれにしても、学校関係者が「カリキュラム・マネジメント」と向き合ううえで大切なのは、自分たちの有する裁量を自覚することです。昨今、宿題や定期考査、校則を廃止したり、固定担任制をやめて全員担任制を採用したりする学校が出はじめていますが、こうした取り組みも「カリキュラム・マネジメント」の一つだと言えます。

一見すると、公立学校は所定の仕組みのもとで、画一的に運営されているように見えますが、実際には現行制度においても工夫を凝らす余地は数多くあり、学校裁量で大胆な改革を実施することは可能なのです。こうした学校裁量の活用に、国がお墨つきを与えているのが「カリキュラム・マネジメント」だと言うこともできるのです。

Question 17

探究の「質」を高めるとは具体的にどういうことか

［Question 09］で紹介した特定のテーマ（課題）について情報を収集し、整理・分析して、まとめ発表するような学びを「探究学習」などと呼びますが、今回の大臣諮問でも「質の高い探究的な学び」という言葉が登場します。この「質の高い」という言葉を、どのように解釈すればよいでしょうか。

この「探究的な学び」は、PBL（Project Based Learning）とも呼ばれ、すでに多くの学校で取り組まれています。というのも、「探究」は2020年から順次実施された現行学習指導要領の目玉の一つでした。特に高校では「総合的な学習の時間」が「総合的な探究の時間」に改められ、「古典探究」「日本史探究」「理数探究」などの7つの科目が新たに新設されるなど、ことさら「探究」を強調する形で教育課程の改訂が行われました。

その理由は、第2章で述べた「問題発見・解決力能力」や「思考力、判断力、表現力等」を高めるうえで有効だと判断されたからにほかなりません。その一方で、「探究」に多くの時間を割くと、教科の授業時数に食い込んできて、「知識及び技能」の定着がおぼつかなくなるのではないかという指摘も、依然としてあります。

そうした懸念を払しょくしたのが、京都市立堀川高校です。

同校は１９９９年に「探究科」をスタートさせ、その1期生が卒業した２００２年に、国公立大学への現役合格者数を前年の６人から１０６人へと激増させています。当時、京都の公立高校は、少なくとも進学実績という点では長らく私学の後塵を拝してきただけに、その大躍進は「堀川の奇跡」として大きくクローズアップされました。

同校ではその後も毎年、１００名以上もの合格者（国公立大学）をコンスタントに出しつづけています。もちろん、国公立大学への進学がすべてではありませんが、少なくとも探究的な学びが、主として「知識及び技能」が問われる大学入試においても、高い実績を残しつづけている点は注目に値します。

実をいうと、当の堀川高校に勤める教職員でさえ、探究的な学びを充実することが大学入試につながるのか半信半疑だったといいます。しかし、結果は予想を大きく上回るもので、生徒たちは探究学習を通じて、「知識及び技能」の確かな定着を図っていったと言えます。

ちなみに、当時同校の校長を務めていたのが荒瀬克己氏で、次期学習指導要領の改訂を担う中央教育審議会の会長です。こうした人事を見ても、次期学習指導要領は「探究的な学び」を軸に据えるのではないかと予想されます。

ほかにも、探究的な学びは、全国の多くの高校へと広がっています。

たとえば、島根県の隠岐諸島にある隠岐島前高校では「夢探究」と呼ばれる授業をカリキュラムに組み込み、生徒たちが地域の資源や課題にフォーカスした探究学習に取り組んでいます。同校は以前、生徒数の減少が続き、廃校の危機に瀕していましたが、「隠岐島前高校魅力化プロジェクト」をスタートさせたことで、入学者数をV字回復させることに成功しています。

また、「『探究』は、高校生だからできるのでは」と考える人もいそうですが、中学校や小学校においても、「探究」的な学びで実績を上げている学校は数多くあります。たとえば、新渡戸文化小学校（東京都中野区）では、廃棄物を使って作品を創るプロジェクト型の学習活動に4年生が取り組んでいます。これは、子どもたちがSDGsについて考えることにもつながる実践です。

また、小中一貫校・にじの丘学園（愛知県瀬戸市）では、「協働型課題解決能力」の育成を目標に据え、探究のプロセスである「課題発見・協働・情報収集・対話・表現」のサイクルに沿って子どもたちが学んでいます。こうした学習は、小学1年生からはじまり、生活科の授業などで身近な課題を見つけて深掘りしていく活動が行われています。

「探究」を進めるうえで特に重要だと言われるのは、「課題の設定」の部分です。指導する教員が設定したテーマがありきたりだと、子どもが興味・関心をもてなかったり、活動が予定調和的になって広がりを欠いたりする可能性が多分にあるからです。そのため、なるべく「子ども自身が、課題やテーマを発見することが重要だ」と言われています。

もう一つ重要だと言われているのは、子どもにとって「身近なテーマ」を設定することです。

仮に「地球温暖化」に着目して「その課題解決のためにどんな国際的な取り組みが必要か」というテーマを設定したとしても、あまりにもスケールが壮大すぎて、子どもたちはリアリティをもてません。同様に、「人口問題」「食糧問題」「ＬＧＢＴＱ」「遺伝子組み換え食品」などのテーマも、手に余してしまうでしょう。そこで多くの学校では、「世界」や「日本」といった大きな単位ではなく、例えば校区の身近な地域にフォーカスして課題・テーマを設定することで、子どもたちがリアリティをもって意欲的に取り組めるように工夫しています。

探究を進めるにあたってもう一つ大切なのは、教員が見守り役・ファシリテーターに徹することです。面倒見のよい日本の教員は、つい指導しすぎてしまいがちです。つまり、教員が深くかかわればかかわるほどに、活動がお仕着せのつまらないものになってしまうということです。このことからもわかるように、ティーチング（指導）よりもコーチング（支援）によるかかわりに軸足を置くことが必要となります。

進学校ではない高校などでは、「うちの生徒に探究はハードルが高すぎる」と最初から諦めている教員もいると聞きます。その一方で、実際にやらせてみたところ、驚くほど生徒たちが意欲的に取り組んだという話も各方面から聞きます。

子どもたちを主体的な学習者にするという意味でも、今後はよりいっそう、教え導く「指導者」としての教師観だけでなく、子どもの傍らに寄り添いながらサポートする「伴走者」としての指導観を併せもつことが必要になるのだと思います。

Question 18

「教科」という壁を乗り越えて、子どもの学びをつなぐにはなにが必要か

［Question 16］で、「カリキュラム・マネジメント」には「教科等横断的な視点」が重要だと述べました。今回の大臣諮問では、［Question 17］で述べた「質の高い探究的な学び」のために必要な視点としてこの言葉が登場します。問題は、現状の学校教育の建つけのなかで、「教科」という壁を乗り越えていくのは容易なことではないということです。

先述したように、学校での学びはほぼすべて「教科」に紐づけられており、たとえば、1時間目に国語科、2時間目に理科の授業を行ったとして、意図的に関連づけるような単元を構成していない限り、二つの授業で学んだことにつながりはありません。国語科の学びは国語として完結し、理科の学びは理科として完結しています。定期的に行われるテストも教科単位で行われ、教科別に得点が出され、評定がつけられます。

中学校であれば、教科ごとに主任が置かれ、市町村ごとに教科別の研究会が置かれています。教科別にさまざまな全国組織もあり、「国語教育学会」「理科教育学会」などの学会組織も数多くあります。中学校や高校だけでなく、小学校でも専門とする教科をもっている教員もおり、組織

や学会に所属している人も数多くいます。こうして見ても、学校においては「教科」という仕組みは隅々まで行き渡り、教員の多くがその枠組みを強く意識しながら、教育活動に当たっていることがわかります。

一方で、こうした組織的特徴が、教科間の連携を妨げてきた側面もあります。学級担任制である小学校の教員が、たとえば、３時間目の国語科で戦争を舞台とした物語文の授業を行い、４時間目の社会科で第二次世界大戦に関する授業をしていたとしても、学習相互の教育的つながりを意識することはまずないでしょう。

「教科等横断的な学び」は、そうした状況にメスを入れるもので、現行学習指導要領にも位置づけられました。こうしたアプローチは、この10年内に生まれたものではなく、古くは大正期に遡ります。当時、新教育運動が起き、教科の学びを実生活に生かす教育の必要性が認識され、教科の枠を超えた学習実践が各地で試みられました。もう少し記憶に新しいところでは、教科の学びを交差させるという意味で、１９９０年代には「クロスカリキュラム」という言葉が使われていたこともあります。

世界的に見れば、「ＳＴＥＡＭ教育」という言葉が市民権を得ています。これは、「Science」「Technology」「Engineering」「Arts」「Mathematics」の頭文字を取った言葉で、各領域を融合する学びを意味する言葉です。もともとは理数系教科の枠を融合させるという意味で「ＳＴＥＭ教育」という言葉で使われていましたが、言語や歴史などを含む文科として「Ａ」の「Arts」が加わることにより、文理を融合させたものとして位置づけられるようになりました。

このように、さまざまな教科で学んだ「知識及び技能」などをつなげることの重要性は、ずっと以前から提唱されつづけてきました。しかし、一部の学校で熱心に取り組まれていたものの、一般化するにはいたっていません。それが「ＶＵＣＡの時代」の到来により、いよいよ本腰を入れねばならない局面に来たという見方もできるでしょう。

では、どのように行えばよいのでしょうか。仮に、国や教育委員会が大号令をかけたとしても、それだけでは多くの学校・教員を戸惑わせるだけになってしまうおそれもあります。こうしたことから、教科等横断的な学びを学校教育に実装するには、いくつかの段階を踏む必要があると指摘されています。ここではその一例を紹介します。

第一歩としては、学校として全教科の単元指導計画を確認することが挙げられます。各教科で、どの時期に、どんな単元の授業が行われているのかを細かくチェックし、教育内容レベルでどのような教科間の学習のつながりが考えられるのかを見いだします。

次に、そうして「つながる部分」について、教科間で連携した授業内容を考え、単元の学習時期などを調整します。ただし、小学校であれば一人の教員が多くの教科を受けもつのでやりやすい部分はありますが、中学校や高校でこれを行うのは容易ではありません。

実際、ただ単に「単元の内容に関連性があるから」という理由で実施時期を合わせるだけでは、横断的な学びの効果はさほど得られません。児童・生徒が「同じようなことを学んだ」という印象をもつだけで終わる可能性があるからです。また、闇雲につなげようとすればどこかにほころびが生じて形骸化するか継続できずに破綻するでしょう。その意味でも、「どこをどうつなげば、教員にとっても子どもたちにとっても無理がないか」を精査します。

大切なのは、学校が目指す子ども像、育成を目指す資質・能力の具体を明らかにして、教科等横断的な学びを構想することです。たとえば、学校として「問題発見・解決能力」を育てたいならば、そこを基軸として教科間のつながりを考えます。たとえば、理科の気候の単元で学んだ知識を生かし、社会科の自然災害の単元で探究学習に取り組むといった具合です。

また、各教科等のなかで着目したいのが国語科です。言語能力は、他の教科の学びの基盤となるからです。わかりやすい例を挙げれば、国語科で学んだ文章の読解方法を算数・数学の文章題に当てはめて考えさせる、あるいは同様の方法を用いて外国語科で訳した英文を書き直してみるといったことが考えられるかもしれません。これらは一例にすぎませんが、国語科を起点として教科等の学びをつなぐという方法は、比較的アプローチしやすいのではないでしょうか。

また、平成20・21年告示の学習指導要領以降、すべての教科等で「言語活動」を充実するよう求められています。これは、２００５（平成17）年2月の大臣諮問が示した14項目のなかに「国語力の育成」という言葉が示され、それが中央教育審議会の答申を経て学習指導要領に明記されたという経緯があります。

当時、この「言語活動」という言葉に、戸惑いの声も上がりました。そもそも学習指導要領は教科別の学習内容を示すものなのに、「全教科で実施していくもの」として突如として登場したからです。

いま思えば、この「全教科」で実施する「言語活動」こそ、教科等横断的な学びへの布石だったのではないかと筆者は見ています。言い方を変えれば、２００５年当時に「教科等横断的な学び」や「資質・能力の育成」を掲げたとしても、現場には到底受け入れてもらえず、ゆとり教育批判の二の舞を食らう可能性を懸念したのではないか…と。

少なくとも、20年近く前の学習指導要領に「言語活動」を入れておいたことが、教科等横断的な学びを一般化するうえで、一つのステップになったことは間違いないと思われます。

Question 19

子どもの学びをなぜ、「個別最適化」する必要があるのか

２０２1年ごろから、教育界でよく耳にするようになったのが「個別最適な学び」あるいは「個別最適化された学び」という言葉です。この言葉が登場するやいなや、雑誌や書籍などで数多く取り上げられるようになり、教育現場においては実践化しようとする研究が盛んに行われています。

この言葉が公的にはじめて示されたのは、２０２１（令和３）年1月に中央教育審議会が公表した答申「『令和の日本型学校教育』の構築を目指して」です。この答申の元となる大臣諮問は２０１９（平成31）年４月ですので、改訂学習指導要領が実施される前の段階で「異例」とも言える形で、初等中等教育の問い直しがはじまったことになります。このことについては、教育関係者のなかにも「なぜ、このタイミングで…」と疑問符を投げかける声がありました。

ではなぜ、そのような時期に大臣諮問が行われたのか――当時の諮問文を読むと、Society 5.0時代の到来に際し、教育のデジタル化を進めていくことがねらいの一つだったのではないかと考えられます。「通信技術（ＩＣＴ）やＡＩ等の先端技術を活用」「学校のＩＣＴ環境は脆弱であり、

地域間格差も大きいなど危機的な状況」といった指摘からも、遅々として進まないデジタル化への危機感を読み取ることができます。

図らずも、諮問を受けた中教審が審議を開始して間もなく新型コロナウイルスの感染が拡大したこともあり、答申が出された直後の2021（令和3）年3月には、「GIGAスクール構想」が前倒しされ、全国のほぼすべての小・中学生に1人1台ずつデジタル端末が配備されました。こうした経緯もあり、この答申は学校のデジタル化という大きな流れを踏まえながら読んでいく必要があります。

加えて「個別最適な学び」についても、子どもたちがデジタル端末を活用し、自分に最適な方法で学び進めていけるようにすることをねらったものだと言えます（AIを搭載したデジタルドリルの活用なども視野に入れていたことでしょう）。ただし、一人一台端末の整備が決まった時点では、授業で有効活用されるようになるまで時間がかかるものと考えていたはずです。

そのため、デジタル端末を前面に押し出し、授業の抜本的な改変を求めすぎれば、現場の反発が生じるだろうことを想定し、答申では日本の学校教育のよさを継承しつつ活用を進めることを強調したのだと筆者は見ています。

さて本項では、「子どもの学びをなぜ、『個別最適化』する必要があるのか」について、いま一度整理したいと思います。

これまでの日本の学校では、同年齢の子どもたち（30〜40人）が、教室という一つところに集まり、同じ学習内容を同じ進度で学ぶ「一斉講義形式」による授業が行われてきました。その最大の利点は、一人の指導者が多数の学習者に対して効率的に「知識及び技能」を授けられることにあります。実際、チョーク&トークによる日本の教員の指導技術は世界トップクラスであり、諸外国から毎年たくさんの研修生が日本に訪れていたくらいです。

現在では、プロジェクト型学習、単元内自由進度学習をはじめとするオープンエンドの授業なども行われてきています。しかし現状、多くの学校ではすべての教科、すべての単元で行えるものではなく、単元にそうした時間を位置づけるハイブリッド形式で、多くの授業はいまもなお、従来の一斉講義形式で行われています。

次に、この「一斉講義形式」による授業を、学習者側の目線で考えてみましょう。

まず学習内容や進度が自分に合っているとは限りません。むずかしすぎれば理解できませんし、簡単すぎれば退屈で意味のない時間になります。理解のスピードや程度も個人差がありますから、理解に時間がかかる子であれば、理解する能力はあっても単元の終わりまでにその理解に届かないということもあるでしょう。

つまり、学習内容の難易度や進度をどれだけチューニングしても、自分に合うと思える子どもとそうでない子どもが出てくるということです。このように、どの子も理解に届くようにするということに主眼を置くとすれば、「一斉講義形式」の授業は、指導者にとっては効率的で、学習者にとっては非効率だと言うことができます。

そこで、現状の授業スタイルのまま学習者の受ける不利益を緩和するとすれば、義務標準法で定める1学級の子どもの人数を引き下げるか、「乗ずる数」（学級数を上回る教員を配置する際の係数）を引き上げるかして教員の総数を増やすことです。[注①] そうできれば、学習者は自分のニーズや学習状況に応じたサポートを受けやすくなり、受ける不利益も軽減されるはずです。

しかし、このような法改正を望んでいない省庁も（どことは言いませんが）あるようですから、「デジタル技術を駆使して、子ども一人一人の学びを充実していきましょう」というのが、答申「『令和の日本型学校教育』の構築を目指して」が示す一つの方向性だと言えます。

とはいえ、日本の学校はこれまでも、子ども一人一人の興味・関心を引き出し、誰もが意欲をもって学習を進めていける授業づくりに努めてきました。要は、「個別最適な学び」という言い方をしていなかっただけです。ですから、デジタル技術はそうした授業づくりを後押しする道具だととらえるのが賢明です。

答申では「個別最適な学び」を、「指導の個別化」と「学習の個性化」に分けて説明しています。「指導の個別化」は「特性や学習進度等に応じ、指導方法・教材等の柔軟な提供・設定を行う」ことです。一方で、「学習の個性化」は、「子供の興味・関心等に応じ、一人一人に応じた学習活動や学習課題に取り組む機会を提供する」ことです。こちらは、子どもが自らの意思で主体的に学習内容を選択していける学びを指します。

たとえば、山形県にある天童市立天童中部小学校では、15時間程度の単元の学習を、子どもたち自身が計画を立てながら進める「ＭＰ（マイプラン）学習」に取り組んでいます。学ぶ順序、比重の置き方、時間配分、学ぶ場所なども、すべて子どもたちが決めます。また、子どもたちが自分の興味・関心に基づいて気になったことを探究しつづける「ＦＳＰ（フリースタイルプロジェクト）」という実践も行っています。いずれも「学習の個性化」を具現化した実践だと言えるでしょう。

他方、こうした学びに対しては懐疑的な声も聞かれます。「子どもが本当に学習内容や方法を自分で選べるのか」「手を抜くだけではないのか」といったものです。

しかし、先進的な実践を試みる学校の子どもたちは主体的かつ意欲的に学びを進めています。「選べない」「手を抜く」といった声は旧来型の子ども観によるもので、今回の大臣諮問でも「興味・関心や能力・特性に応じて子供が学びを自己調整し、教材や方法を選択できる指導計画や学習環境のデザインの重要性」を挙げているとおり、そうするにふさわしい学習環境をデザインできれば、子どもたちは生き生きと楽しく学べるようになるということです。デジタル端末の活用も、そうした学びをより豊かなものにするツールとして期待されているといえるでしょう。

［注①］義務標準法に定める「乗ずる数」を引き上げれば、実質的に教員の数を増やすことができ、教員一人あたりの授業コマ数を減らせることから、教員の多忙化を軽減する大きな一手となる。たとえば5年間かけて「乗ずる数」を1・387倍へ段階的に引き上げれば、残業問題を解消できるとする研究もある［参考URL］https://toyokeizai.net/articles/-/849587

Question

20

「協働的な学び」のもつポテンシャルを引き出すにはどんなことが必要か

中央教育審議会の答申『令和の日本型学校教育』の構築を目指して」では、「個別最適な学び」と同時に、「協働的な学び」という概念も提唱しました。前者が「個別」なのに対し、後者は「協働」とあるので、一見すると相反する学びのように見えますが、答申はこの二つを「一体的に」充実していくことを求めています。

「協働」という言葉から「複数人での学び」がイメージされますが、従来の「一斉講義形式」の授業とは異なります。例を挙げれば、ペアやグループで調べ学習を進めたり、話し合いを通して課題を解決する学習などがイメージしやすいでしょう。先の項目で述べた「探究」的な学びも「協働的な学び」の一つだと言えます。第2章ではこれからの時代を生きる子どもたちに必要な資質として、「異なる価値観を持つ多様な他者」との協働を挙げましたが、これに寄与する実践だと言えます。

また答申では、「『個別最適な学び』が『孤立した学び』に陥らないよう」にすることも求めています。個別最適な学びは、文字面だけを見ると一人一人がデジタル端末やドリル等に向かって黙々と学ぶ姿を思い浮かべる方もいるかもしれませんが、［Question 19］でも述べたとおり、それとは異なるイメージの実践です。

教科等によって違和感があるかもしれませんが、道徳であれば、教材に触れた子どもたちが協働的に学ぶことを通して課題に対する共通解（例「やっぱり思いやりって大事だよね」という解）を得て、今度はその共通解を自分自身の考えと照らし合わせて自分なりの納得解（例「でも、ときには思いやれないこともある。自分にできる範囲でいいんじゃないかな」という解）を得ていくというのが、最適化された個別の学びだととらえるとわかりやすいかもしれません。

いずれにしても「協働的な学び」は、いまも、昔も、これからも、学校教育において不可欠な学びです。そもそも実社会では、年齢や性別、考え方や価値観が異なる人々が集まり、連携・協働しながら生きていかなければならないわけですし、殊にこれからは、国籍や人種の異なるさまざまなルーツをもつ人々とも協働し、正解のない「問い」に向き合うことが求められる時代が到来すると言われているからです。そうであるならなおさら、それぞれの知恵をもち寄り、互いの得意や長所を生かし合うことが、よりいっそう必要となるはずです。

こうした点を踏まえて学校教育に視線を移すと、「誰と協働するか」が一つのポイントとなってきます。たとえば、グループで探究的な課題解決学習を進めるといったとき、通常であれば同じ学級のクラスメイトとチームを組んでいると思います。それがだめだなどと断じたいわけではないのですが、同じ学級で共に学んでいる同年齢のクラスメイトでは、同質性が強いあまりに「協働的な学び」の効果を十分に得られない可能性があるからです。

そこで、たとえば異学年の子どもたちでチームを組む、他校と連携して異なる学校の子どもたちでチームを組む、ときには学校外の大人なども巻き込んでチームを組むといった工夫を凝らすことも視野に入れたほうがよいと考えます。[注②]

しかし、現状の教育制度のもとで、異学年の子ども同士がチームを組み、日常的に「協働的な学習」を推進するのは容易なことではありません。その意味では、「学年」という枠組みも含め、いかい制度のほうを改めていく検討も必要かもしれません。

ただ、（数は少ないですし、特殊な環境だと言われればそれまでですが）現状でも、日常的に学び合う異学年の子どもたちの姿が当たり前になっている小・中学校もあります。

たとえば、長野県軽井沢市にある風越学園には、3歳から15歳までの異年齢で構成する「ホーム」というグループがあり、1日のはじまりを含め多くの時間を共にしています。異なる年齢の子どもが「まざる」ことに価値があると考え、多くの活動が行われています。

また、同じく長野県佐久穂町にある大日向小学校も、異年齢での学びが日常的に行われています。同校は、日本初のイエナプランスクール認定校でもあります。そもそもイエナプラン教育が異年齢での学びをベースにしていることから、日常の学習活動もそうしたシステムを敷いているのです。また、同じくイエナプラン教育認定校である広島県福山市の常石ともに学園でも、異年齢集団での学びが展開されています。

さらに特筆すべきは、これらの学校はいずれも「一条校」（学校教育法第1条に定める学校）であることです。そのため、学校教育法をはじめとする各種教育法令や学習指導要領の定めを順守しつつ教育活動を展開しなければなりません。そうした学校においても、異年齢での学びを日常的に実践していけることを示すものとして注目に値します。

これらの学校はカリキュラムも非常にユニークで、時間割が教科をベースに構成されていません。常石ともに学園は公立学校ですが、現状の枠組みのなかでも実に革新的な教育活動を展開しています。この事実は、異年齢での探究学習などが、全国のどの学校でも実施可能であることを示しています。

「協働的な学び」や「対話的な学び」と聞くと、クラス内でのグループ活動などがイメージされがちですが、肝となるのは「異なる他者」との対話です。先述した中央教育審議会の答申でも、「集団の中で個が埋没してしまうことがないよう（中略）子供一人一人のよい点や可能性を生かすことで、異なる考え方が組み合わさり、よりよい学びを生み出していくようにすることが大切」とし、「異学年間の学びや他の学校の子供との学び合いなども含む」と述べています。その意味

［注②］東日本大震災を起きた後、被災地の子どもたちが映画を制作したり、パリでのイベントを開催したりするＯＥＣＤ東北スクールが生まれた。かかわった子どもたちはいずれも、学年も異なる、学校も異なる当時の中・高校生で編成されたチームで協働し、大人の助力を得ながら数々のミッションを成功裏に収めている。［参考ＵＲＬ］https://oecdtohokuschool.sub.jp/

でも、単純なグループ活動で終わらないようにする工夫が必要です。

同じ学級で行う集団活動では、子ども同士の関係が固定されていることもあって、一部の子どもがリーダーシップを発揮し、周囲がそれに歩調を合わせる形で進んでしまうことも少なくありません。適切な役割分担のもとであれば、教育活動として十分に意味があるという考え方もできますが、「集団の中で個が埋没」し、「一人一人のよい点や可能性を生かす」までには至っていないのだとしたら、「異なる考え方が組み合わさる」ことはありません。

（[Question 03] でも述べたように）これからの日本社会はますます多様化し、仕事においても異なる国籍や文化・背景をもつ人たちとのコラボレーションが不可欠となっていきます。そうした場においてて協働的に事を進められる人材を育てる意味でも、「協働的な学び」を形だけに終わらせてはならないと思います。

Question 21

「学習評価」はなぜ、むずかしいのか

本章で取り上げている実践はいずれも、現状の学校教育のあり方を大きくに変える可能性があります。そうした学びの変革が実現するかどうか、鍵を握ることの一つが「学習評価」です。

極論すれば、たとえどんなに素晴らしい学習指導要領が示されたとしても、子どもたちの学習状況を適切に評価できるようになっていなければ、改革は画餅に帰すとさえ考えています。その論点と考えているのが「知識及び技能」をどうとらえるかです。誤解をおそれずに言えば、いまも昔も変わらず、「知識及び技能」が評定の中心軸となっているからです。

このように言うと、「そんなはずはない。『知識・技能』は評定するうえでの観点の一つ。思考力や学習態度も評価しているじゃないか」とお叱りを受けそうです（公文書の定めのとおり、資質・能力を意味するときの表記は「知識及び技能」とし、評価の観点を意味するときの表記は「知識・技能」と区別して表記しています。他の資質・能力、評価の観点も同様）。

確かに、現行の評価の観点は、学習指導要領に定める資質・能力と対となるように「知識・技能」「思考・判断・表現」「主体的に学習に取り組む態度」に整理されており、通知表や指導要録は、この3つの観点に基づいて記載されます（観点別学習状況評価）。ですから、「『知識・技能』だけで評価しているわけではない」という指摘そのものは間違いありません。しかし、実態を鑑みたとき、「はたしてそう言い切れるのか」については議論の余地があると思います。

たとえば、多くの中学校ではいまも、定期考査の点数に基づいて評定が行われているのではないでしょうか。この定期考査が測っているのは主に「知識及び技能」の定着度のはずです。もちろん、「思考力、判断力、表現力等」を測れるよう設問を工夫していると思いますが、そのような設問の場合であっても、「知識及び技能」と切り離すことはできません。なぜなら、一定水準以上の「知識及び技能」が身についていなければ解答欄に正しく記述できないでしょうし、そもそも思考を働かせようがないはずです。

「主体的に学習に取り組む態度」についてはどうでしょう。普段の学習の様子（「振り返り」や「見通し」の記述など）をもとに評価材料を得て評価していると思いますが、いざ評定を行う段になると、やはり「知識及び技能」の定着が優先されるのではないでしょうか。

単純化した例を挙げましょう。

学習態度が「5」だと評価されたものの定期考査の点数が「1」だったAさんと、逆に定期考査の点数が「5」だと評価されたものの学習態度が「1」だったBさんがいたとします。このとき、二人の評定は同じになるでしょうか。AさんよりもBさんの評定のほうが高くつけられるのではないでしょうか。

つまり、いくら3つの観点で評価するといっても、いざ評定を行う段になると、「知識・技能」≧「思考・判断・表現力」≧「主体的に学習に取り組む態度」といった等号つき不等号が暗黙の了解として評定に影響を及ぼす、すなわち、「知識及び技能」が優位性をもつということです。そうなる理由として挙げられるのは、（中学校であれば）高校受験があるからでしょう。

このように考えれば、教科別に評定をつける現状のシステム下において（第2章で取り上げた）「問題発見・解決能力」「論理的思考力」「協働する力」などの諸能力は、測定するのがむずかしいことから数値化するのは至難の業で、そもそも見取る必要があるのかも含めて検討が必要です。

批判を恐れずにいえば、現行の学校評価は、（かつての評価の観点であった）「知識・理解」と「技能」を包摂し、そこに「思考・判断・表現」と「主体的に学習に取り組む態度」を上乗せした建つけになっているように感じます。しかしそうでありながら、3つの評価の観点を同じレベル・比重で説明されていることで、学習評価の理念と実態にギャップを生み出しているのではないでしょうか。それが巡り巡って現場教員の戸惑いや負担感にもつながっているようにも思います。

ここで大切なのは、いま一度、なんのために学習評価を行うのか、原点に立ち返って考えることです。個別の教科ごとの「知識及び技能」だけでなく、教科を横断するような「問題発見・解決能力」「論理的思考力」「協働する力」などを育成するのなら、そのためにどのような評価を行うのが適切なのかを考え、一から再構築する必要性を感じます。現状の仕組みを所与のものとして増改築するようなアプローチであれば、いつまで経っても学習評価は、教育現場にとってむずかしく、わずらわしいものでありつづけるように思います。

［Question 11］で述べた、日本の学校教育は社会基盤を支える「人材・能力を選別する役割」を担ってきたことを是とすれば、定期考査の点数に基づく5段階評定は、きわめて理にかなった仕組みです。しかし、そうした学校教育のあり方が限界点を迎えていることは、これまで述べてきたとおりです。

実を言うと、「知識」や「技能」を中心軸とする学習評価の見直しは、これまで何度も試みられてきました。1980（昭和55）年には、「関心・態度」が評価項目として加わり、1991（平成3）年には「関心・意欲・態度」「思考・判断」「技能・表現」「知識・理解」の4観点が示されました。その後、評定のあり方を抜本的に変えるべく打ち出されたのが、2001（平成13）年の指導要録です。このときに示されたのが「目標に準拠した評価」（いわゆる「絶対評価」）です。

それ以前の学校教育では、学級の子どもたちの定期考査の点数を正規分布（グラフ）に表し、「最上位」「上位」「中位」「下位」「最下位」といった形で評価する「集団に準拠した評価」（いわゆる「相対評価」）によって行われていました。

わかりやすく単純化した例を挙げれば、学級に在籍する40人の子どもたちのうちの1人が90点を取っても、残りの39人が91点以上を取っていたら、その子は「1」の評定がつけられるということです。さらにいうと、まったく同じテストがお隣の学校で行われており、39人の子どもたちの点数が90点未満であれば、90点取れた子どもは「5」の評定となります。

このような、客観的で相対的であるがゆえに生まれる評価の理不尽を解消し、各教科等が掲げる目標の実現状況を絶対的に評価する方法に切り替えることで、（クラスメイトとの相対的な比較ではなく）その子自身の学力を最大限に伸ばしていこうという趣旨のもとで導入されたのが、「目標に準拠した評価（絶対評価）」だったわけです。そしてそれから20年以上もの歳月が流れています。

ではその後、学校・教員が「相対評価」と決別し、「絶対評価」に切り替えることができたかと言えば、必ずしもそうとは言い切れません。現状でも多くの学校、特に中学校では目標に準拠し、観点別に評価を行いながらも、評定をつける段になると学期ごとの学習評価を機械的に足し引きしつつ、（子ども全員が「5」になったり「1」になったりしないよう）他の子どもたちの評価結果とも照らし合わせながら評定を調整しています（そのような意味で、現在の教育現場で行われているのは、「絶対評価による評価結果の相対化」と言えるのかもしれません）。

そうせざるを得ないのは、高校受験に際して内申書をつくらなければならないからです。「理念はわかるけど、現実的にはむずかしい」というのが、「絶対評価」に対する教育現場の率直な気持ちなのではないでしょうか。

本来、学習評価の目的は、一人一人の学力を着実に伸ばすために必要なことを知る（そのどきどきの子どもの学習の進捗状況を確かめる）ことです。つまり、教員と子ども双方が学習状況を把握し、子どものほうは自身の学びを調整し、教員のほうは自らの指導方法の改善を図る、（国立教育政策研究所の資料にも示されているように）「指導と評価の一体化」が図られてはじめて教育効果を生み出すことができます。

実際に、相対評価から絶対評価への完全転換を図った事例もわずかですが存在します。工藤勇一氏が校長を務めた千代田区立麹町中学校では、定期考査を廃止し、単元ごとにテストを実施して、生徒の到達度を図るようにしました。

単元テストの点数が悪かった場合、後日行われる再テストでよい点数を取れば、それが学期末の評定に反映されます。そのため、全員に「A」がつくこともあります。同校は宿題や固定担任の廃止で有名になりましたが、中学校教育のあり方を抜本的に問い直すという意味で言えば、単元テストを基にした絶対評価への切り替えには大きな意義があったと思います。

とはいえ、「絶対評価」への切り替えは、非常に高い壁です。入試が現状のシステムのままである限り、教員、子ども、保護者の三者は、これからも定期考査の点数や通知表の評定を強く意識しつづけるでしょう。

いずれにしても、今回の大臣諮問では、「評価の観点や頻度、形成的・総括的評価のあり方も含め、どのような改善が必要か」を審議事項として示しています。「新しい学びのあり方」にふさわしい学習評価システムが提唱されることを祈りたいところです。

Question 22

「キャリア教育」にはどのような課題があるか

今回の大臣諮問には「社会やキャリアとのつながりを意識した指導」という言葉があります。これは［Question 15］で解説した「社会に開かれた教育課程」にも相通じる言葉で、学校での学びを通じて子どもたちが実社会で生き生きと活躍できるようにすることを目指すものです。

そのために必要な視点は大きく2つあります。1つ目は、社会で必要な資質・能力を子どもたちに授けることです（そのために必要な学びのあり方は本章で述べてきたとおりです）。しかし、それだけで実社会で活躍できるようになるとは限りません。学校教育等を通じて積み上げた力を発揮できるようにする――実社会への橋渡しをする仕組みが必要だからです。

そのために必要となるのが、2つ目の「キャリア教育」です。この言葉は2000年代に入ったころからしきりに使われだしました。それ以前から使われていた「職業教育」や「進路指導」とは似て非なる概念で、単なる言葉の置き換えではありません。

中央教育審議会が2011（平成23）年に出した「今後の学校におけるキャリア教育・職業教育の在り方について」（答申）では、「若者の学校から社会・職業への移行が円滑に行われていない状況」があり、「約51％が進学する大学も、学生の約8割が職業に関連する知識・技能に関する自分の実力が不十分と回答」するなどの状況を示しています。

いまから14年も前に出された答申ですが、現在も状況はさほど変わっていないように思われます。しかしこの答申が出たときはまだ、現行学習指導要領の「主体的・対話的で深い学び」や「資質・能力の三つの柱」などは世に出ていませんから、その意味で、「子どものキャリア」という視点から学校教育のあり方を再定義しようとした点で、その意義は大きかったように思います。

さて、この答申に示された言葉のなかで当時、教育関係者の間で話題になったのが、「基礎的・汎用的能力」という言葉です。答申では、この言葉を、①人間関係形成・社会形成能力、②自己理解・自己管理能力、③課題対応能力、④キャリアプランニング能力の4項目に分けて解説しています。

このうち①の「人間関係形成・社会形成能力」は「異なる価値観を持つ多様な他者」と協働する力に類似する力であり、「課題対応能力」は「問題発見・解決能力」に類似する力です（いずれも第2章で解説）。①と③は、社会で活躍するために必要な力で、②の「自己理解・自己管理能力」や④の「キャリアプランニング能力」は、自分に適した職業に就くために必要な力だと言えます。その意味では、②と④のほうが、よりキャリア教育的に必要な能力だと言うことができます。

②の「自己理解・自己管理能力」のうち「自己理解」については、学校教育でこれを養う場は限られています。もちろん、集団生活のなかでさまざまな立場や役割を担うことで自らの特性に気づく部分はあるでしょうが、それは限定的な自己理解にすぎません。逆に、子どもが自分の適

性や興味・関心とは関係なく、周囲からあてがわれた役割を淡々とこなしていくうちに、自分の立ち位置が決まっていくような状況もあるように思います。

④の「キャリアプランニング能力」の育成については、「職業体験」「勤労体験」などを通じて行われてきました。ただ、これらの活動は短期的な「体験」にすぎず、子どもたちが携わったその仕事の本当のやりがいや厳しさを理解するには至りません。また、職業体験の受け入れ先が小売店や製造業など一部の業種に限られている状況もあります。このように、現状のキャリア教育には多くの課題があります。

一方、一部では実効性のある先駆的な実践もはじまっているので、そうした事例を広く共有していくことが求められます。

たとえば、「自己理解・自己管理能力」を含むさまざまな「非認知能力」を測定し、それを自己理解につなげるツールが開発されています。その一つ「EdvPath」は、「自己理解」「セルフマネジメント」「自発性」「対人関係スキル」など9つの項目を測定し、それを伸ばすためのコーチングプランを提供するものです。主として高校の「総合的な探究の時間」で活用されています。

また、「キャリアプランニング能力」については、体験的な活動にとどまらず、生徒自身が実社会のなかへ入っていく取り組みが、一部の高校等で行われています。たとえば、三重県立相可高校では、高校生がNPO法人を設立し、地域の人たちと共に商品開発を行うなどの活動を行っています。こうした活動は、生徒たちが実社会で働くことの意味を理解し、対価を得るために必要な工夫などを考えるよい機会となることでしょう。

また、近年はキャリア教育のコンテスト（中・高生を対象）も行われています。教育と探求社が主催する「クエストカップ」はその一つで、生徒が実在する企業から提示されるミッションに1年間をかけて挑みます。その過程で、商品開発に向けたアンケート調査やフィールドワークに取り組むなど、企業でのインターンを学校で行う形です。最終的に全国大会にエントリーし、企業人からフィードバックを受けるなど、社会人として働くことをリアルに体感できます。

小学校でも、「アントレプレナーシップ（起業家）教育」と呼ばれる取り組みが、いくつかの学校で展開されています。東京都の三鷹市立第四小学校では、校庭の脇にあるいちょうの木から取れた銀杏を商品化し、販売する活動を「総合的な学習の時間」で行いました。その活動が起点となり、その後は市内の他校でも同様の取り組みが行われるようになっています。

三鷹市立第四小学校がこの取り組みを実践したのは、いまから20年以上も前ですが、同様の教育に取り組む学校は、全国的に見ればいまもごく一握りです。社会とつながりながら「キャリア教育」を実践することが、学校にとっていかに高いハードルであるかがわかります。

他方、中学校や高校の進路指導を見ると、いまだ本人の適性や興味・関心よりも、成績・偏差値を基準にして進学先を選ばせる状況が少なからずあります。今後「キャリア教育」を実効性のある実践にしていくには、学校が社会とつながりやすくする仕組みを、国レベルで整備していく必要があるのではないでしょうか。

Question

23

子どもたちが、「英語の活用力」を獲得するにはなにが必要か

高度な教育内容を学んできたはずなのに、それが実社会で使えていない代表格とも言えるのが英語ではないでしょうか。

日本では小・中・高と、現在は多くの人が10年間にわたって英語教育を受けます。いまの大人世代の多くも、6年間は英語の授業を受けていると思いますが、外国人と日常会話ができる人は多くありません。海外の人に話を聞くと、みなさん「6年間も習っているのに話せないなんて信じられない」と驚きます。

外国語を話せる日本人の多くは、長い海外生活を経験したり、学校外の場で英会話レッスンを積んだりした人たちです。こうした状況を見ても、学校の英語教育がうまくいっていないと指摘できるでしょう。

もちろん、「読む」「書く」「聞く」「話す」の4技能のうち、「読む」「書く」については高校段階でかなりのレベルに達し、それが大学等で英語の論文などを読むうえで役に立っている側面はあります。ただ、高校・大学を卒業後に英語と関係のない職業につけば、そうしたスキルも次第

に失われていきます。

　昨今は、翻訳技術が飛躍的に進化し、日本語で話したことを瞬時に英語音声に変換してくれる機器も発売されています。また、ＡＩ技術を取り入れたネット上の翻訳アプリの精度も向上しています。その昔、「おおみそか」を「Oh, it is a miso!（おお、味噌か！）」と英訳されていたころの面影はいまやありません。

　だからといって、英語力が不必要になるかと言えば、そうとは言いません。海外旅行へ行く程度ならば翻訳機で十分ですが、これからの時代を生きる人たちにはグローバル人材として、海外の人たちと対話・交渉していく力が求められるからです。（第２章でも述べたとおり）海外に駐在する人だけでなく、国内での勤務においても英語力が求められる場面は増えることが予想されます。

　こうした状況を踏まえ、文部科学省はかれこれ20年近くにわたって、英語教育改革を進めてきました。２００８（平成20）年告示の学習指導要領では、小学校の５・６年生で「外国語活動」が導入され、10年後の２０１７（平成29）年告示の学習指導要領では、「外国語活動」が３・４年生に前倒しされるとともに、５・６年生には教科として「外国語」が導入されました。それに伴い、２０１６（平成28）年には教育職員免許法等が改正され、小学校教員を目指す大学生の教職課程に英語教育が加わっています。

　しかし、現状では多くの小学校教員が英語教育の指導に困難を感じており、精神的な負担にもつながっています。英語が苦手だったという人も少なくないからです。こうした状況を受け、専科教員の配置も進んではいますが、現状では3・4年生で20・0%、5・6年生で25・8%にとどまっています。ALT（外国人指導助手）の配置も進んでいますが、いまだ授業に入れていないケースもあります。

小学校では、小学校高学年での教科担任制の導入が進み、英語は優先的な対象教科の一つとされています。現状では英語の専科教員の配置が十分とは言えませんが、今後は中学校教員との人事交流なども行いながら、配置を促進していくことが課題だと言えます。

また、中学校においては2021年度、高校においては2022年度から、英語で授業をすること、いわゆる「オールイングリッシュ」の授業が求められるようになりました。英語の実践力を高め、英語で話す態度を引き出す意味では、効果のある取り組みであることは確かです。

その一方で、「オールイングリッシュ」の授業をするには、指導者に高度な英語力が求められるため、現状では旧来どおりの授業をする教員も少なくないと聞きます。文部科学省の調査では、「発話の75%以上が英語」の授業の割合は、中学校で13・3%、高校で8・6%にとどまります。「オールイングリッシュ（ほぼ100%）」となれば、さらにその割合は下がることでしょう。

そうした諸課題はあるものの、日本の中・高生の英語力は着実に高まっています。2023（令和5）年度の文科省調査では、「CEFR A1（英検3級）以上」の中3生の割合は50・0%と、2013年調査の32・2%から大幅に増加しています。同じく「CEFR A2（英検2級）以上」の高3生の割合も50・6%にのぼり、2013年調査の31・0%から大きく増加しています。この調子でいけば、数年後には「第４期教育振興基本計画」が掲げる目標値（中・高とも60％）に到達するかもしれません。

今後は、そうして培った英語力を実社会で生かせるようにしていくこと、外国人と英語で対話ができるようにすることが求められます。すなわち「知識及び技能」だけでなく、それらを活用して「使える力」をいかに伸ばしていけるかが大きなポイントとなってきます。その一環として文部科学省が検討していたのが、２０２１（令和３）年１月実施の大学入学共通テスト（旧大学入試センター試験）において、英語の試験の代わりに英検やＴＯＥＩＣなどの民間試験の成績を活用できるようにすることでした。

ところが、この民間試験活用については「受験会場が遠い地方の高校生に不利」「異なる試験の結果を公平に評価できるのか」などの批判が、多くの関係者から上がりました。また、当時の萩生田光一文部科学大臣が「身の丈に合わせて」と発言したことが「格差を容認するのか」などと批判を浴び、最終的には民間試験の活用自体が見送られることになりました。この決定は、２０１９（令和元）年11月のことでしたから、実施を約1年後に控えた段階での「ちゃぶ台返し」に教育関係者は少なからず混乱しました。

英検やＴＯＥＩＣなどは、ビジネスシーン等での使用を想定したもので、国が掲げる「グローバル人材」の育成において、ある程度の実効性があるのは間違いないでしょう。多くの高校生が積極的にこうした民間試験を受験し、そのスコアを伸ばしていければ、「使える英語」として身につくものと考えられます。

大学入学共通テストのような公共性の高い試験においては、公平性・平等性が重要だとの指摘は理解できますが、その結果「知識及び技能」の習得にとどまり、活用力を育てる機会が失われるのだとしたら残念なことです。いずれにしても、公平性・平等性の確保に向けた条件整備を進めつつ、民間試験を活用できるような仕組みの導入を再度視野に入れてよいのではないでしょうか。

余談ですが、文部科学省では２０２４（令和６）年度から、すべての小・中学校等を対象として、小５～中３年の児童・生徒に英語の学習者用デジタル教科書を提供する事業を展開しています。英語科のデジタル教科書には、音声や動画などの追加コンテンツを豊富に収録したものも多く、加えてリスニングの速度を変更できるなど、「個別最適な学び」との親和性も高いはずだと期待されています。こうしたツールを有効に活用していくことも、子どもたちの実践的な英語力を養ううえで重要だといえるでしょう。

Question

24

「海外留学」がグローバル人材育成に資するために必要なことはなにか

「第3期」（2018～2022年）につづき、「第4期」においても教育振興基本計画の重要施策として位置づけられたのが、「グローバル人材」の育成です。そのための基本施策としては、①日本人学生・生徒の海外留学の推進、②外国人留学生の受入れの推進、③高等学校・高等専門学校・大学等の国際化、④外国語教育の充実の四つが挙げられています。

このうち④以外は、今回の大臣諮問、学習指導要領の改訂とは直接的な関係がありませんが、[Question 14] でも触れた「グローバル人材」の育成という点では、欠かせない取り組みです。その現状を押さえておくことが、英語教育やカリキュラム・マネジメントを適切に実施していくうえでも必要ですので、少し紙幅を割いて解説します。

①～③のうち②の外国人留学生の受入れについては、第3期の計画で「30万人」という数値目標が示されました。この目標値は2019年にいったん到達したものの、2020年度以降はコロナ禍の影響で減少し、2022年度時点で23万1146人にまで落ち込みました。翌2023年は27万9274人と回復傾向にありますが、現状も目標値を割り込んでいます。

一方で①の日本人学生・生徒の海外留学については、第4期の計画ではじめて「２０３３年までに50万人（高校生12万人、大学生38万人）」という数値目標を示しています。その背景には、日本の高校生や大学生の「内向き志向」があります。内閣府が２０１８年に行った調査によると、「あなたは、将来外国留学をしたいと思いますか」という質問に対し、「したいと思わない」と回答した日本の若者（13歳～29歳）は、全体の53・２％にのぼりました。この数字は、アメリカの24・０％、韓国の22・０％などと比べても圧倒的に少なく、「外国の高校や大学（大学院を含む）に進学して卒業したい」の割合もわずか５・１％と、調査対象国中で最低となっています。また、「あなたは、将来外国に住みたいと思いますか」という質問についても、「将来もずっと自国に住みたい」が42・７％と、他国よりも高い数値です。

グローバル人材の育成という観点からいえば、こうした「内向き志向」は望ましい状況とは言えません。日本国内に多くの外国人が居住するようになり、多国籍化・多様化が進んでいるとはいえ、海外に出向かなければ得られないことも多いからです。教育振興基本計画が数値目標を掲げているのも、そうした理由からです。

とはいえ、海外留学には相応の費用がかかります。バブル経済崩壊後、日本経済が長く低迷しつづけたことも、「内向き志向」に拍車をかけた可能性もあるでしょう。

そうした状況を受け、文部科学省は２０１３年から「トビタテ！留学ＪＡＰＡＮ」というプロジェクトを展開しています。海外に留学する高校生や大学生に、授業料や滞在費を補助するプロジェクトで、企業から寄付金を募る形で展開されている事業です。２０２０年度までの７年間で約１万人がこのプロジェクトを通じて海外留学を果たし、帰国後は多くの人たちがその経験を生かしながら活躍しています。

海外留学を検討している高校生や大学生が最も気にしているのは、海外の留学経験がその後のキャリアにプラスに働くのか、すなわち大学生ならば「就職に有利になるのか」、高校生ならば「進学や就職に有利になるのか」です。やや現実的・打算的な話ではありますが、この点にメリットがなければ、多くの高校生や大学生は海外留学に気持ちが向かないと考えられます。

大学生については、「トビタテ!留学JAPAN」が２０２４年に行った調査では、「留学経験が就職活動においてよい影響を与えたか」という質問に対し、実に93・7％の人が「そう思う」と回答しています。また、企業の採用担当者の77・9％が「日本人の留学経験者を積極的に採用していきたい」と回答しています。「就職活動で評価されたこと」については、「主体性」「チャレンジ精神」「広い視野」「コミュニケーション力」「語学力」などが上位を占めます。

また、２０１７年に行った調査では「留学によって志望業界・企業に変化があった」と回答した人は全体の65・7％にのぼり、「将来日本の成長に貢献できる企業」に就職したいと答えた人の割合は、留学前が43・6％、留学後が59・1％となっています。こうした数字を見ても、留学によってグローバルな視点が養われることがわかります。

高校生の大学進学において、最近は「総合型選抜」による入学者が増えています（［Question

37」でも取り上げます）。「総合型選抜」では、受験生の意欲や主体性などを積極的に評価する大学もあり、そういった観点で海外留学経験が有利に働く可能性はあります。文部科学省の「入学者選抜実施要項」の「活動報告書」には、「②学外での活動内容」の欄がありますが、そこには「ボランティア活動、各種大会・コンクール、留学・海外経験等」という記載があり、海外留学経験はアピールポイントの一つとなっています。

とはいえ、円安が進む近年は多くの人たちが海外を旅行することすら躊躇しています。そうしたなか、数か月～1年にわたり子どもを海外へ留学させるとなれば、家計への負担はきわめて大きなものになります。

「トビタテ！留学ＪＡＰＡＮ」は年間１０００人程度を対象としていますが、教育振興基本計画が掲げる「２０３３年までに50万人」から見ればごく一握りです。このプロジェクトが企業の寄付金等で支えられていることを考えれば、今後は、高校生や大学生の海外留学の重要性について社会的認知を広げることが欠かせないでしょう。

さらに言えば、海外留学が「就職に有利になるから」「大学進学に有利になるから」といった理由にとどまる限り、「グローバル人材」の育成にはつながっていかないのではないでしょうか。その意味でも、たとえば「探究的な学び」などを通して、子どもたちが社会や世界に目を向けられるようにしていくことが、よりいっそう重要性を増してくると考えます。

Question

25

「大学入試改革」はいま、どの段階まできているのか

近年の文教行政において、大きな課題として取り組まれてきたものの一つが大学入試改革です。課題が入試制度にとどまらないことから「高大接続改革」などとも呼ばれ、文部科学省の有識者会議等で繰り返し議論が行われ、実にさまざまな改革が行われてきました。

このキーワードは、次期学習指導要領と直接的に関係するわけではありませんが、大臣諮問にある「全ての子供が多様で豊かな可能性を開花できるようにする」うえで避けて通れないテーマですし、入試は中学校や高等学校における授業改善、学習評価のあり方にも大きく影響を及ぼすものであることから、現在の状況がどうなっているのかを確認しておく必要があります。

近年の大学入試改革として、多くの人たちの記憶に新しいのは、「大学入試センター試験」から「大学入学共通テスト」への変更だと思います。（[Question 23] でも触れたように）2021（令和3）年1月実施の試験から名前を変えて実施されています。この変更は単なる看板のかけ換えではなく、これまでの「知識及び技能」に重点を置いた試験から、より「思考力、判断力、表現力等」を重視した試験に変更するというのが、改革のねらいでした。実際、変更前後の問題を比

較しても、読解力や思考力が問われる問題が増えたのは確かです。

しかしながら、この「大学入学共通テスト」は、当初の計画から大きな方向転換を余儀なくされました。批判を恐れずに言えば、思考力や表現力を重視した試験に切り替えるというには拍子抜けの内容で、「改革はとん挫した」と言っても過言ではないと筆者は見ています。

この試験では当初、一発勝負的な試験からの脱却を図るため、複数回受験が検討されていました。高校2~3年生の間に何度か受験し、受験者が最もよい点数だったものを採用するという方法です。また、国語と数学では「表現力」を評価することを目的として、解答を文章で書く「記述式問題」の導入も検討されていました。「共通一次」と呼ばれていた30年以上前の時代から、解答は「マークシート式」だったことを考えれば、実に画期的な改革だと言えます。さらに、英語では英検やＴＯＥＩＣなどの民間試験のスコアを活用できる仕組みも導入される予定でした。

これらの改革のねらいは前述したとおりで、その点では、現行の学習指導要領において「社会に開かれた教育課程」や「カリキュラム・マネジメント」の重要性が示され、「主体的・対話的で深い学び」や「探究的な学び」が提唱された流れと、完全に軌を一にしています。

すなわち、小・中・高における学習指導要領の改訂と大学入試の改革はセットで考えられていたもので、どちらか片方だけを実施したところで、改革の成果は乏しいものとなります。せっかく小・中・高で必要な資質・能力を身につけても、大学入試でそれが正当に評価されなければ意味がないからです。しかし結局は、複数回受験、記述式問題の導入、英語の民間試験の活用など、目玉と言われていた改革はほぼすべて見送られてしまいました。

その理由を大雑把に言えば「公平性・公正性を保てない」というものでした。何十万人もの受験生が人生をかけて臨む試験です。少しでも不平等な状況があってはならないという理屈はわかりますが、複数回受験も記述式問題も、民間の資格試験では広く使われている方式だけに、どこか割り切れない思いもします。

では、大学入試改革が完全にその実効性を失ったかと言えば、けっしてそうではありません。先述したように、「大学入学共通テスト」の問題は、マークシート式とはいえ選択肢の文章も長く、読解力や理解力を必要とする問題も少なくありません。なにより、大学入試センターが作成する問題の影響力はいまもなお大きく、こうした問題は国立大学の2次試験や私立大学の試験にも少なからず影響を与えています。

また、現在の大学入試では、受験者全員が「大学入学共通テスト」を受けるわけではありません。私立大学の受験者は受験不要なケースも多いですし、そもそも従来型の一般入試ではない方式、「総合型選抜」と「学校推薦型選抜」で大学へ進学する高校卒業生も増えています。

この二つの選抜方式は、「大学入学共通テスト」と並行する形で導入されたもので、以前は「AO入試」「推薦入試」と呼ばれていました。これも、「知識及び技能」を中心とした選抜から、思考力や表現力、人間性などの情意面を評価する選抜にシフトすることをねらっていたものです。

特に「総合型選抜」は、ここ数年で実施する大学が増えています。文部科学省の調査によると、

2023（令和5）年度入試では、この方式で大学に入学した人が全国で9万2393人にものぼったといいます（全体に占める割合は14・8％）。2000（平成12）年に行われた「AO入試」では入学者全体のわずか1・4％にすぎなかったことを考えると、飛躍的にその数を伸ばしていることがわかります。

また、「学校推薦型選抜」で入学する人の割合も35・9％と、2000年の31・7％からわずかではありますが増えており、この「総合型選抜」と「学校推薦型選抜」の二つを合わせると50・8％と半数を超えます。つまり、多くの大人がイメージする「一般入試」での大学進学者は、いまや全体の半数にも満たないということです。

現在、「総合型選抜」を実施している大学は全体の84・7％にのぼります。そのなかには、北海道大学、東北大学、大阪大学、九州大学など「旧帝大」と呼ばれる国立大学、早稲田大学、慶應義塾大学、同志社大学、立命館大学など私学の難関大学もあり、東北大学のように募集人員の約3割に達している大学もあります。こうした状況を見ても、1点刻みで「知識及び技能」を競い合う大学入試のあり方が、変わりはじめていることがわかります。

ポイントとなるのは、多くの教育関係者、特に中学校や高校の教員がこうした事実をきちんと認識しているかです。このように大学入試が変わりはじめていることを理解していれば、生徒たちへの入試指導、さらには学習指導のあり方も変わるはずです。また、小学校段階においても、思考力や主体性を重視した探究的な学びの意義をより現実的な視点から感じ取れるでしょう。

Question

26

世界的に見れば異質だとされる、日本の「特別支援教育」をどう考えればよいか

最初に指摘しておきたいことは、「障害のある子どもに対してどのような教育保障を行うか」という点に立脚すると、日本の学校教育は、諸外国とは異なる道を歩んでいるということです。

多くの国々では、（可能な限り）障害の有無にかかわらず同じ教室で学べるようにしています。これは、「障害者の権利に関する条約（略称：障害者権利条約）」において「障害者が障害に基づいて一般的な教育制度から排除されないこと及び障害のある児童が障害に基づいて無償のかつ義務的な初等教育から又は中等教育から排除されないこと」と規定されており、世界１８０か国がこの条約に署名しているからです。

実は日本も、この条約に署名しており（２００７年）、諸法令の改正を経て２０１４年に発効しているのですが、国内に目を向けると、特別支援学校や特別支援学級で学ぶ子どもの数は年々増えているという状況があります。特別支援学級を例に挙げれば、学ぶ児童・生徒数（小・中）は、２００７（平成19）年度に11万３３７７人だったのが、15年後の２０２２（令和４）年度には35万３４３８人にのぼるなど、３倍以上に増えています。

実際、文部科学省の調査（通常の学級に在籍する特別な教育的支援を必要とする児童生徒に関する調査）によると、2012年には6・5％（推定値）だった「『知的発達に遅れはないものの学習面又は行動面で著しい困難を示す』とされた児童生徒」は、2024年に8・8％（推定値）まで上昇しています。こうした状況を鑑みれば、特別支援学級で学ぶ児童・生徒が増えたのは無理からぬことだと説明することもできます。

しかし、発達の特性や障害の有無にかかわらず、どの子も等しく学べるようにするという「インクルーシブ教育システム」の視点から見れば、「日本の学校教育ではいまもなお分離教育が行われており、むしろその状況は加速している」ということになります。

もちろん、文部科学省が障害の有無を理由として分離教育を推奨する方針を示しているわけではありません。それなのになぜ、特別支援学校・学級で学ぶ児童・生徒数は増えているのでしょうか。

この点については、さまざまな分析・指摘がありますが、ターニングポイントとなったのは、2006（平成18）年3月に行われた学校教育法の改正でしょう。このとき、従来の「特殊教育」が「特別支援教育」へ、そして盲・聾・養護学校が特別支援学校に改められ、2007（平成19）4月から特別支援教育が本格的に実施されるようになりました。

これは、単純な言葉の置き換えではありません。文部科学省は通知を発出し、「障害のある幼児児童生徒の自立や社会参加に向けた主体的な取組を支援するという視点に立ち、幼児児童生徒一人一人の教育的ニーズを把握し、その持てる力を高め、生活や学習上の困難を改善又は克服するため、適切な指導及び必要な支援を行うものである」と示しています。

この文面で使われている「一人一人の教育的ニーズを把握」「持てる力を高め」「適切な指導及び必要な支援を行う」という言葉を字句どおりに受け取れば、「障害のある子どもは、（通常学級で学ぶよりも）より高い専門性を有する特別支援学校や特別支援学級で学ぶほうが理にかなっている」と読み取ることができます。

加えて、（この通知では「特別支援教育コーディネーターの配置」や「校内委員会の設置」など通常学校における体制整備にも言及こそしているものの）先の条約に署名した年と重なることもあって、特別支援教育がインクルーシブ教育を先んじる形となり、「（特殊教育から理念や形を変えながらも）分離教育を継続する」方向で進んでいったものだと推測されます。

加えて、殊に発達障害があるとされる子どもの教育環境については、次のことも考えられます。

「発達障害」が教育的支援の対象であると公的に述べられたのは、2001（平成13）年1月に公表された「21世紀の特殊教育の在り方に関する調査研究協力者会議」の最終報告で、その後、2004（平成16）年に「発達障害者支援法」が制定されたことで公式な用語として認知されます。

発達障害をもつ人には、対人関係をうまく築けない、特定分野の勉強が極端に苦手、落ち着きがないなどといった特性があると言われ、その後「学習障害（LD）」「注意欠陥・多動性障害（ADHD）」「自閉症スペクトラム障害（ASD）」などの診断名が広く知られるようになっていきます。

こうした子どもたちは、突発的な行動に出てしまうこともあり、集団生活を送るのが苦手であることから、学級のなかで浮いた存在になりがちです。また、35人学級のうちの8・8％が発達に課題を抱えているのであれば、その数は3人を上回ることになります。そうした子どもたちの言動が学級の円滑な運営を妨げてしまうこともあるでしょう。

その結果、「学級を維持できなくなるのではないか」「特別支援学級で学ぶほうがよいのではないか」という考えが生まれ、特別支援学級が増えていったと考えることもできます。また、発達障害の診断ツールが開発されたことも、そうした流れを後押ししたのではないでしょうか。

それに対して、たとえばイタリアなどでは障害のある子どもたちの99％以上を通常学級に在籍させている学校もあります。そうした学校がどれだけうまくいっているかは脇に置くとしても、（上述したように）障害の有無にかかわらず、すべての人が同じ学習環境で学ぶ「インクルーシブな教育」をより推進しようとしているのが、世界的な潮流であることは間違いありません。

日本の教育界においても、中央教育審議会が報告を取りまとめ、「インクルーシブ教育システム構築のための特別支援教育を推進する」という方針を打ち出しましたが、それでも「障害のある子どもと障害のない子どもが、できるだけ同じ場で共に学ぶ」方向に、大きく針が振れることはありませんでした［注③］。

その結果、2022（令和4）年9月、国連の障害者権利委員会の調査が入り、日本では「障害のある子どもの分離された特別教育が永続している」として中止を求めるとともに、インクルーシブ教育に向けた国の行動計画を策定するよう勧告されるに至ります。

この国連勧告の半年ほど前、文部科学省は「特別支援学級に在籍する児童生徒が、原則として週の授業時数の半分以上を支援学級で受けること」を記した通知を発出しています。この通知も「分離教育」に当たるとの批判も浴びましたが、その背景には特別支援学級にかかわる教職員定数の問題もあり、文科省の通知を愚策・暴論だと単純に決めつけることはできません。

しかしそうはいっても、日本も「障害者の権利に関する条約」に署名している以上、抜本的な解決に向けて取り組まざるを得ない課題の一つであることは間違いないでしょう。

今回の大臣諮問では、「多様性を包摂し、一人一人の意欲を高め、可能性を開花させる教育の実現」という言葉があります。この「包摂」には障害のある子どもも含まれます。

また、発達障害の診断を受けた人のなかには、特定の場面で特異な才能を発揮する人もおり、そうした能力を高く評価し、積極的に雇用している企業もあります。こうした事実にも目を向けながら、国として今後どのような制度をつくり、学校現場に対してはもちろんのこと、保護者・地域の理解を得ていくのか、注視する必要があるでしょう。

[注③] 平成19年以降、障害のある子どもを通常学級に在籍させる試みそのものは何度となく行われている。しかし、実際に保護者の要望を受けて入学後に通常学級に在籍させたものの、うまくやっていくことができず、進級する際に特別支援学級に移ったり、卒業後は特別支援学校に進学することになった例も少なくない。つまり、単に同じ学級に在籍して共に学べる環境さえ整えればうまくいくものではないことが浮き彫りになっている。日本の教育環境を本当に「インクルーシブ」にするというのであれば、学校教育の制度そのものを根底から見直さなければならないのかもしれない。

Question

27

学びを学習者主体にするには、学習指導だけでなく生徒指導の改善も必要となるのはなぜか

次期学習指導要領においてはこれまで以上に、子どもの「主体性」や「自主性」が重視されるようになることが、大臣諮問文や第4期教育振興基本計画の記述から読み取ることができます（前者では「学ぶ意義を十分に見いだせず、主体的に学びに向かうことができていない」という課題意識が、後者では目標6で「主体的に社会の形成に参画する態度の育成」が提起されています）。

こうした提起の背景には、子どもたちが実社会に出たとき、自ら課題を見つけ、自ら解決策を考えていける学びが欠かせないという考えがあります。そして、この考えは学習面だけではありません。生活面、すなわち生徒指導や生活指導などにおいても必要だと指摘されています。

ここで時代を1970年代後半から1980年代初頭まで巻き戻してみます。

当時の多くの中学校（加えて一部の高校）では、いわゆる「校内暴力」の嵐が吹き荒れていました。その激しさは想像を絶するレベルで、校舎中の窓ガラスや便器が割られる、生徒間の暴力行為が絶えない、生徒による教師への暴力行為などが多発するなど、「どれだけひどかったか、実際に目の当たりにした者にしかわからない」と当時の様子を知る者はみな口を揃えて言います。

こうした状況に対処するための方策の一つとして、当時の文部省は1965（昭和40）年に刊行した「生徒指導の手引き」を改訂し、各学校がさまざまな対応策を講じられるようサポートしようとしていました。また、その過程で各学校は、「ゼロ・トレランス方式」をはじめとして、さまざまな生徒指導の手法を導入しました。

そうした指導スタンスに共通するのは、「問題行動が起きたら徹底的に抑え込む」「多少いきすぎであっても問題行動を発生させない」というものです。そのため、全国どの学校においても厳しい校則・ルールが設けられ、髪型や服装の乱れなどを徹底的に排除し、ルールを違反した者には懲戒を加えるといった対応がなされました。いわゆる徹底した管理教育です。

その後、年を追うごとに校内暴力は沈静化していったものの、教員の指導観（体罰を必要悪とするような風潮や、中学校などでは「部活動と生徒指導ができて一人前」といった考えなど）や、厳罰化された校則は残存し、近年に至るまでさまざまなトラブルを生み出す火種となっています（1990年に起きた神戸高塚高校校門圧死事件などが象徴的ですが、数々の体罰事件、いきすぎた校則問題など）。

しかし、そうした状況がここ数年、確実に変化してきています。その象徴とも言えるのが、文部科学省が2022（令和4）年12月に公表した「生徒指導提要」の改訂版です。「生徒指導提要」は、かつての「生徒指導の手引き」を全面改訂する形で、2010年に文部科学省が示したもので、いわば生徒指導のあり方を示したガイドラインです。12年ぶりに改訂された今回は、「まえがき」に次の文言が盛り込まれています。

「今般の改訂では、課題予防・早期対応といった課題対応の側面のみならず、児童生徒の発達を支えるような生徒指導の側面に着目し、その指導の在り方や考え方について説明を加えています」（傍点は筆者）

ポイントは「児童生徒の発達を支えるような生徒指導」という言葉です。かつて主流だった「抑え込む」指導とは明らかに異なるスタンスに立っていることがわかります。本文のなかでも「発達支持的生徒指導」という言葉が用いられるなど、児童・生徒が自発的・主体的に自らを発達させていけるようにすることを目指し、学校や教職員はそれを「支える」存在として位置づけられています。こうして見ても、学習面と同様に子どもの「主体性」を重視していることがわかります。

この「生徒指導提要」では、かつて校内暴力に対処するという名目で運用されてきた校則についても、次のように指摘しています。

「校則を守らせることばかりにこだわることなく、なんのために設けたきまりであるのか、教職員がその背景や理由についても理解しつつ、児童・生徒が自分事としてその意味を理解して自主的に校則を守るように指導していくことが重要です」

「校則の見直しの過程に児童生徒自身が参画することは、校則の意義を理解し、自ら校則を守ろうとする意識の醸成につながります」

こうした文言が盛り込まれた背景には、子どもたち自身が主体となって校則を見直そうとする取り組みの広がりがあります。その中心的役割を果たしているのが、認定ＮＰＯ法人カタリバが実施する「みんなのルールメイキング」というプロジェクトで、経済産業省の「未来の教室」の実証事業に採択されています。2023年12月時点で309校がこのプロジェクトに賛同し、子どもたちが教職員や保護者と対話しながら校則の見直しを進めています。

こうした校則の見直しを子どもの手に委ねることに対しては、いまもなお「子どもたちが自分に都合のよいルールをつくるのではないか」「ルールがなくなって、学校が荒れるのではないか」などと指摘する教育関係者もいます。

しかし、実際に子ども主体で校則の見直しを進めた学校では、ほとんどそうした状況は生じていません。たとえば、ある中学校ではツーブロックの髪型を認めたり、靴の色を自由化したりしましたが、そうすることで問題行動が増える事態には至っていません。

しかし、右に挙げたことが、汎用性をもって全国の学校に広がっていくには、越えなければならない大きな壁があります。それは、学校関係者の抱える不安感や先入観の払拭と、子どもたちの自治意識の醸成です。

［Question 08］で、日本は「自分で国や社会を変えられると思う」高校生が極端に少ないとの調査結果を紹介しました。その原因の一つは、自らが身を置く集団や組織を自分たち自身で「自治」した経験が皆無に等しいからではないかと推察しています。

もちろん、小学校では委員会活動、中・高等学校では生徒会活動などがあり、子どもたちは教育課程上、自治的に活動しています。しかしそれは、大人が決めたルールの範囲で許容されるものであり、そうしたルールそのものの是非を問い、自分たちの学校生活をよりよくするために議論し、力を合わせて変えていく経験をもつことはできていません。それが巡り巡って、いわば学校教育が、「法律などの決まりごとは『お上《かみ》』が決めるものであり、自分たちは与えられたルールに従うほかないし、それでいい」という意識を強化しているという側面があります。

それに対して、前述した校則の見直しだけでなく、たとえば運動会の企画・運営のすべてを生徒に委ね、素晴らしい教育成果を挙げている学校も（数は少ないですが）あります。しかし、そうした学校であっても、校長が年度当初に「今年の運動会はすべて生徒に任せてみませんか」などと提案した際には、それに反対する教員のシュプレヒコールが起きたといいます。「子どもに任せて、本当に大丈夫なのか」「うまくいかなかったら、どう責任をとるつもりなのか」「うまくいったとしても、今度は図に乗って教員を見下すようになるのではないか」と。

教員をはじめとして学校関係者の意識の根底には「子どもに任せたら失敗する」という不安感や先入観があります。これは「困難校」と呼ばれる学校だけではありません。どの学校であっても多くの教員は、口では「子どもの自主性は大切だ」と言いながら、心の底では「子どものもつ力を信じていない」ということです（そうでない教員もたくさんいることを、筆者も知っています）。

そのような意味で、今後は、学校関係者の抱くこの脅迫観念にも似た不安感や先入観をいかに払拭していけるかが、大きなポイントの一つとなると考えます。

さて、こうして「生徒指導」から「生徒支援」へのシフトが図られるなか、学校の「生徒指導部」という校務分掌上の組織名を変更する学校も出はじめています。

たとえば、埼玉県立新座高校では、「生徒指導部」を「生徒支援部」に改称し、並行する形で生徒主体による校則の見直しを行いました。また、北海道の小樽市立朝里中学校では、同じく「スチューデントサポート」と名称を改訂し、従来のツリー型の校務分掌組織自体も抜本的に改めました。このように名称を変更したことで、教員の意識が少なからず変容し、生徒との関係性自体が変わっていったと関係者は口をそろえます。

今回の大臣諮問にある「持続可能な社会の創り手」という言葉の直前には、「異なる価値観を持つ多様な他者と、当事者意識を持って対話を行い、問題を発見・解決できる」とあります。

校則に対する考え方はそれぞれで、制服一つとっても廃止派と存続派がいます。それぞれ異なる考え・主張をもち寄って対話し、当事者意識をもって合意形成を図っていく。ときには妥協することも含めて、自分なりの納得解を得ていく経験を積み重ねていければ、必ずや子どもたちが実社会に出たとき、自ら課題を見つけ、自ら解決策を考えていける資質・能力を発揮していけることでしょう。

Question

28

次期学習指導要領が実効性あるものとなるために「チーム学校」に必要となるのはなにか

ここ10年ほどの間、教育関係者の間にすっかり浸透したのが「チーム学校」という言葉です。最初のころは、この言葉を使うのに気恥ずかしさがありましたが、最近では教育系のイベントや書籍でも、ごく当たり前に使われるようになりました。

「チーム学校」が最初にクローズアップされたのは、中央教育審議会が出した答申「チームとしての学校の在り方と今後の改善方策について」〈2015〈平成27〉年12月21日〉です。この答申では、主として「チームとしての学校」と記述されていますが、その後は多くの媒体で「チーム学校」と略して使われています。

中央教育審議会は、文部科学大臣からの諮問を受ける形で有識者が審議を行い、報告書をとりまとめて大臣に答申するというステップを踏みます。この「チームとしての学校」に関しては、右の答申の1年半前の2014（平成26）年7月に大臣による諮問が行われており、主な審議事項は、新しい時代の学校教育を推進していくにあたって、①教職員にどんな資質能力が必要か、②学校がチームとしてどうあるべきかの2点でした。

このうち「チームとしての学校」にかかわる答申は②について言及したもので、①については別の作業部会によって審議が進められ、同じ日に「これからの学校教育を担う教員の資質能力の向上について」という答申が出されています。加えて、同日には「新しい時代の教育や地方創生の実現に向けた学校と地域の連携・協働の在り方と今後の推進方策について」という答申も出されています。中央教育審議会が同じ日に３本の答申を同時に出すというのは、非常に珍しいことです。

このように三つの答申それぞれの柱は、「チーム学校」「教員の資質能力」「学校・地域との連携」です。これら三つが同時並行で審議されたのには、学校の役割が肥大化したことに伴い、さまざまな問題が噴出してきたことが背景にあります。教職員の多忙化が進み、不登校やいじめ問題が深刻化するなかで、学校の役割を再定義すべく、これら三つを突き詰めて検討したのだと言えます。

「チームとしての学校」の答申の核となるのは、外部の専門家との連携です。すなわち、いじめや不登校などのへの対応を教職員だけで行うのは厳しいので、スクールカウンセラー（ＳＣ）やスクールソーシャルワーカー（ＳＳＷ）などとの連携が必要であり、そのための体制整備をどう行うべきかについて示されています。「チーム学校」と聞くと、職員室の教員が一致団結するようなイメージをもちそうですが、この答申の言う「チーム」には外部の専門家が含まれていることを最初に押さえておく必要があります。

余談ですが、この答申より先に「チーム」という言葉を使ったのが、（［Question 27］でも取り上げた）２０１０（平成22）年に公表された「生徒指導提要」です。ここでは「チームによる支援」という項目のなかで、やはりＳＣやＳＳＷとの連携について述べられています。生徒指導や教育相談の領域では、教員集団による対応だけではむずかしいことが、早い段階から指摘されていたことがわかります。

では、「外部の専門家」とは具体的にどのような人たちのことなのでしょうか。「チームとしての学校」の答申では、先述したＳＣやＳＳＷのほかに、ＩＣＴ支援員、外国人指導助手（ＡＬＴ）、部活動指導員、医療的ケアを行う看護師などが挙げられています。

このなかで最も古くから学校に入っているのはＳＣです。いじめ問題の深刻化を受けて１９９０年代半ばから配置がはじまり、現在は小・中学校ともに9割を超える学校に配置されています。

とはいえ、ここで言う「配置」は、「常駐」という意味ではありません。週1回でも学校に来れば「配置」の扱いとなります。逆に言えば、学校内にSCが常駐しているようなケースはほとんどありません。一人のＳＣが複数の学校を受けもち、1校あたり週に1～2回巡回するというのがオーソドックスな支援のあり方です。その他のＳＳＷやＩＣＴ支援員、外国人指導助手、部活動指導員なども同様で、学校専属で常駐しているようなケースはほぼ皆無です。

そして、これら専門職の人たちの多くの勤務形態は非常勤・非正規です。全国に数多く配置され、職業的に人気のあるＳＣでさえも、給与は時給制でそれだけでは生活がむずかしい状況にあります。こうした職業環境は、プロフェッショナル人材の育成という観点から見れば、課題があると言わざるを得ません。予算や人材の確保などむずかしい側面もあるとは思いますが、学校教員と外部の専門家が「チーム」としての一体感をもつためにも、正規雇用化や常駐化を促進していくことも視野に入れる必要があります。

とはいえ、部活動指導員などは、そもそも活動時間が1日3時間程度であり、正規雇用や常勤配置が現実的でないのも確かです。外部スタッフについては、正規雇用化や常駐化を推進していくべき職種、兼業などでスポット的にサポートしてもらう職種に整理したうえで、検討する必要があるのかもしれません。

たとえば、ＩＣＴ支援員については、デジタル端末など機器の操作、ネットワーク回りのサポートなどだけが業務範囲であれば、月に数回訪問する程度でも十分でしょう。しかし、デジタル端末を活用した授業を企画・提案したり、実際に授業に参加したりするようになれば出番が増えます。そうなれば、学校の常駐化はむずかしくとも、正規雇用化できる可能性は十分にあります。現状は、非正規雇用が一般的ですが、正規雇用の職業という位置づけが明確になれば、高度な専門性をもつ人材も増えるに違いありません。

現状、学校の多忙化が顕著で、子どもたちとかかわる時間がもてないことを嘆く教員は少なくありません。残業時間が過労死ラインを突破している教員も数多くいます。そうした状況があるなかで、機器のトラブルが起きて授業や校務が滞れば大きなストレスとなり、本業にも支障を来します。そんなとき、ＩＣＴ支援員が対応してくれれば、これほど心強いことはないでしょう。同様のことは他の外部スタッフにも言えて、適材適所でサポートできる体制を整えれば、教員にかかる負荷はずいぶんと軽減されるものと考えられます。

本章で述べてきたように、これからの学校にはデジタル機器を活用した「個別最適な学び」の充実、「主体的・対話的で深い学び」による授業改善、カリキュラム・マネジメントによる「教科等横断的な学び」など、多くのことが期待されています。ただ、これらの役割を担う教職員にゆとりがなければ、意欲的に取り組もうとすることができず、期待されるような実践の成果をあげることはできないでしょう。

本章で述べてきた実践を実り多きものとするためにも、外部スタッフを含む「チーム学校」の組織体制を強固にしていくことが不可欠です。さらに言えば、そのようにして教員の労働環境を改善できてはじめて、「新たな実践に取り組んでください」と言うことができるのだと考えます。

Question 29
教育課程を改善するのと並行して「学びのセーフティネット」をどう拡充するか

２０２３年に公表された「第４期教育振興基本計画」の二つ前の「第２期教育振興基本計画」に、「学びのセーフティネット」という言葉が登場します。「セーフティネット」そのものは、もともとサーカスの綱渡りや空中ブランコの落下に備えられた網（ネット）を語源とする言葉で、主に生活保護などの社会保障の分野で使われてきました。

これは、「すべて国民は、健康で文化的な最低限度の生活を営む権利を有する」と規定している日本国憲法第25条に基づく考え方で、すべての人が最低限の生活を維持できる仕組みを、国や自治体などの行政機関が整備することを意味します。

こうしたことを踏まえ、「学びのセーフティネット」については、どうとらえればよいでしょうか。その視点は大きく２つあります。

１つ目は、すべての国民が必要とする教育を受けられるようにすることです。

昨今は、「子どもの貧困」が大きくクローズアップされ、子どもの教育機会が経済的な問題によって奪われているような事態も少なからずあります。高校については授業料の無償化が進みつつあるものの、大学の授業料はいまだ世界的にも高く、加えて奨学金も大半が返済を必要とするため、進学を諦める人も少なくありません。また、不登校になってしまったことで、教育機会を失ってしまっている子どもも数多くいます。こうした子どもたち一人一人に教育機会を保障していくことが、「学びのセーフティネット」の一側面だと言えます。

２つ目は、教育によって社会的格差を拡大させないこと、格差の解消を図っていくことです。経済的に豊かな家庭の子どもは、幼少期から学習塾などに通うことができるため、高校・大学進学や就職において有利な側面があります。それが顕著な国では、裕福な家庭の子は裕福になり、貧困家庭の子は貧困になる…という負の循環が繰り返され、格差は拡大しつづけます。そうした社会にならないよう、公教育が格差是正の機能を果たすことも、「学びのセーフティネット」の一側面です。

「学びのセーフティネット」にかかわって歴史を遡れば、思い当たるのは戦前に十分な義務教育を受けられなかった大人を対象とした「夜間中学」でしょう。山田洋二監督の映画『学校』でも取り上げられた夜間中学は現在、31都道府県・政令指定都市に53校が設置されています（2024年4月時点）。かつては、戦中戦後の混乱期に小・中学校の教育を受けられなかった人が通う場所でしたが、現在は外国人居住者などが学ぶ場としても活用されています。

加えて、ここ数年の夜間中学の大きな変化として挙げておきたいのが、不登校の児童・生徒が通う場にもなってきているという点です。かつて中学時代に不登校になってしまい十分に教育を受けられなかった人だけでなく、現在進行形で学校に通えていない中学生も通いはじめています。そうした背景には、ここ数年における不登校の急激な増加があります。

不登校状態にある小・中学生は、２０２３（令和５）年度には全国で34万人以上にのぼり、10年前と比較すると倍以上も増加しています。そうした子どもたちの受け皿として、教育支援センターやフリースクール、一部のオルタナティブスクールなどが担ってきましたが、不登校数の増加に対応する形で夜間中学にもその役割が期待されはじめたのです。こうした現状を鑑み、「第３期教育振興基本計画」では、「教育機会確保法等に基づき、全ての都道府県に少なくとも一つの夜間中学が設置されるよう促進する」と明記されるに至ります。

とはいえ、これまでの夜間中学はなんらかの事情で学校に通えていなかった成人を対象としてきたこともあり、学齢期の小・中学生を受け入れるとなると、指導内容のレベルもぐっと高くなります。その対応はむずかしく、現状で不登校児童・生徒の受け入れに対しては、多くの夜間中学が消極的です。

ほかにも、不登校児童・生徒の受け入れ先として制度化されたものに「不登校特例校」があります。通常の学校とは異なり、不登校の児童・生徒に配慮した特別の教育課程を編成することが可能で、２００５（平成17）年に省令を一部改正して制度化されました（学教法施行規則第56条）。２０２３（令和５）年からは名称を「学びの多様化学校」とし、２０２４年度時点で公立21校、私立14校の計35校が設置されています。

「第４期教育振興基本計画」においては、夜間中学も学びの多様化学校も、「全都道府県・指定都市への設置」が目標値として設定されています。現状の達成度は半分程度にとどまっており、各自治体が設置しやすくなるような条件整備が急がれます。

また、不登校だった児童・生徒の進学先として、近年注目を集めているのが、いわゆる通信制の高校です。全日制の高校と違い、30～40人が同じ教室で共に学ぶシステムを採用していないため、集団生活に苦手意識のある子どもにとっては学びやすい環境だといえます。

２０１６（平成28）年に角川ドワンゴが設立したＮ高等学校はその代表的存在で、現在は同じ系列のＳ高等学校とあわせて３万人以上の生徒が在籍しています（２０２４年８月時点）。もちろん、通信制高校に通う生徒は、不登校だった人だけではありませんが、中学時代に不登校だった生徒の大きな受け皿となっていることも事実です。

視点を少し変えれば、本章でここまで述べてきた取り組みが広がれば、「知識及び技能」を中心とした学力・偏差値で輪切りにする教育システムに対して一石を投じるとともに、子どもたちや教職員、保護者にかかるプレッシャーを軽減する可能性があります。

今回の大臣諮問が「学ぶ意義を十分に見いだせず、主体的に学びに向かうことができていない子供が多くなって」いることを課題として挙げているのは、不登校の背景には現状の教育課程のあり方にも課題があると分析しているからです。

子どもたちがもし本当の意味で、自らの興味・関心に基づき、主体的に生き生きと学んだり仲間と力を合わせて課題解決に挑んだりできる教育を各学校が実現できれば、学校を取り巻く空気感も大きく変わってくることでしょう。

一方で、経済的な問題については、上述した学びの変革だけで対応できるものではありません。高等学校等就学支援金の給付（２０１４年～）、幼児教育・保育の無償化（２０１９年～）、一部の自治体で行われている学校給食の無償提供、給付型の奨学金制度の創設など、現在においてすでに実現してきた施策もありますが、子どもたちの教育に要する各家庭の私費負担がそもそも大きいのが日本の現状です。

（[Question 02]で取り上げたように）２０２３年には合計特殊出生率が過去最低の１・20を記録するなど、いっこうに歯止めがかからない日本の少子化問題の背景には、子育て・教育にかかる費用負担の重さがあるとも言われています。

こうした諸状況を鑑みたとき、教育課程を改善するのと並行して「学びのセーフティネット」をいかに整備・拡充していくかが、日本を持続可能な社会にしていくうえでも欠かせないことだといえるでしょう。

Question 30

「柔軟な教育課程」といったとき、どこまで教育現場の裁量に委ねるのか

本章で紹介してきた実践の多くは、旧来型の日本の学校教育を問い直すものです。全員が同じ内容を同じペースで学ぶ「一斉授業」から「個別最適な学び」へ、「正解」を求める「知識及び技能」重視の学びから「思考力、判断力、表現力」重視の「探究的な学び」へ…。そうしたシフトチェンジを通じ、これからの時代を生きる人材に必要な資質・能力を育成するというのが、次期学習指導要領が目指す方向だと言えます。

こうした方向性のもとでつくられた実践が本当に広がれば、それと呼応して横並びの学校文化は崩れていくことになります。学校ごとに異なる特色を打ち出し、教員の考えや個性に基づいて異なる手法が授業に取り入れられるようになり、それによって子どもが取り組む課題が変わってくる、あるいは子ども自らが課題を見つけ、選択的に学習を進める。そんな学びの多様化が進むはずです。もちろん、読み書き計算など基礎的な学力はすべての子どもたちに共通して授けていく必要がありますが、そこから積み上げていく学びは分岐していくことでしょう。

このように多様な学びの分岐が生まれるには、教育現場の裁量を拡大することが欠かせません。

この「教育現場の裁量」といったとき、次に挙げる2点について考えておく必要があります。

①制度上「できるとされていること」が、実質的には「できないこととされている」こと。

②現状を鑑みたとき「できたほうがよいと思われていること」が、制度上「できないこととされている」こと。

現状の制度下においても、教育課程の編成、人員配置の意見具申、時程の組み方、教材の選択など、各学校の判断でできることはたくさんあります。たとえば教育課程であれば、従前の学習指導要領において変わらず定められているとおり、各学校が自校の教育目標の実現に向けて独自に編成してよいものです（学習指導要領第1章総則第2—1）。それに対して当該校を所管する教育委員会は、各学校が編成する教育課程に関して指示・命令を出すことできます（地教行法第21条等）。

校長が編成した教育課程がもし、教育委員会の方針に沿わなければ受理されません。

もちろん、学習指導要領から逸脱していたり、公序良俗に反しているような教育課程であれば受理されないのは当然のことですが、問題は所轄する各学校の教育課程を横並びに、、、させることを目的として、教育委員会が変更を命じることがあることです。

余剰時間の問題もそうで、本来であれば学教法施行規則別表に定める年間標準授業時数のとおりに編成すればよいわけですが、天災地変やインフルエンザなどの感染症の拡大によって学校・

学級を閉鎖した結果、前述の時数を下回らないようにしようと先回りし、あらかじめ年間の余剰時間を決め、それに従って各学校に教育課程を編成させているところもあります。

しかし、（今回の大臣諮問の「参考資料」でも取り上げられているとおり）「非常変災等の不測の事態において、当該授業時数を下回ったことのみをもって学校教育法施行規則に反するものではない」とされています（文部科学事務次官通知「学校における働き方改革に関する取組の徹底について」平成31年）。

他方、校内に目を向けても、学校全体で、あるいは同学年で教育活動を揃えるために、たとえば学級通信の発行など学級担任の自由意志に委ねられてしかるべき事柄さえ、「できないこととされている」こともあります（いきすぎた「○○学校スタンダード」に見られることでもあります）。つまり、（冒頭で述べたことと論理は逆向きですが）日本の教育行政や教育現場において根深い過剰な横並び意識を払拭できない限り、教育現場の裁量を増やすどころか、むしろ自ら減じてしまい、その結果、次期学習指導要領が目指す実践を生みだしにくい状況がつづいてしまうのです。

実はここに、日本の学校教育における真のむずかしさがあります。（これまで述べてきたように）日本の学校教育制度は富国強兵の一環として明治政府が創設したものです（「徳育」「知育」「体育」による集団性」を担保することで、国力を底上げしようとした公教育制度）。それに対して現在ではどうでしょう。（当時とは目的は異なるにしても）「みんな」で「同じこと」を「同じように」できるようにするという点に立脚すれば、現在の学習指導要領も同様です（「小学校学習指導要領解説 総則編」において「全国どこにおいても同水準の教育を受けることのできる機会を国民に保障する」ために、「教育課程について、国として一定の基準を設けて、ある限度において国全体としての統一性を保つ」と解説されています）。

このことは、地域間・学校間格差が生まれないように揃えることが暗黙の了解として要請されているとも言えます。つまり制度の構造上、横並び意識が生まれること自体は致し方ない面があり、その意識が過剰になるとさまざまな歪《ひず》みを生じさせてしまうということです。

その一方で、大正期の新教育運動以降「子どもたち一人一人」に応じた教育の重要性が謳われ、現在では「個別最適な学びと協働的な学びの一体的な充実」が求められるようになりました。これらのことを別の側面から見れば、教育現場に携わる先生方は、制度上「いかに揃えるか」を求められながら、実践上「いかに揃えないようにするか（個に応じた学習者主体の学びを実現するか）」というダブルバインドにも似た状況のなかで、たゆまぬ研鑽を積んできたといえます。

まさに、日本の学校教育を支える先生方は、この至難の業ともいうべきミッションにチャレンジしつづけていると言えるのではないでしょうか。

こうした諸点も含め、「柔軟な教育課程の在り方」をどう考えればよいかが、今回の大臣諮問の大きなポイントとなっています。すなわち「どのような教育課程であれば、子どもたちに本物の力をつけていけるか」「そうなるための教育課程をどう編成すればよいのか」が、中央教育審議会でどのように審議され、どのような形で答申として示されるのかが、次期改訂における最大の注目点だといっても過言ではありません。

では、「柔軟な教育課程」とは具体的にどのようなものでしょうか。

時間割の組み方については現状、小学校45分、中学校50分を基本とし、毎日5〜6コマの授業を実施するのが標準的な形です。また、各教科の年間授業時数は基本的に決まっています。しかし、学校によっては子どもに育てたい資質・能力を育てるうえで、そうした標準的な時間割・教科時数が、最適ではない可能性もあります。

そうしたなか、文部科学省では2022（令和4）年度から「授業時数特例校」という制度をスタートさせました（「教育課程特例校」と同様の学校法施行規則第55条の2を根拠としています）。各学年の年間の総授業時数は維持したうえで、「1割」を上限に各教科の標準授業時数を下回った教育課程の編成を特例的に認めるという制度です。

たとえば、小学校5・6年生の国語の年間標準授業時数は「175時間」です（学校教育法施行規則別表第1）。学習内容についてはこの時数に基づいて学習指導要領に規定され、教科書が編集されます。それに対して「授業時数特例校」に指定された学校では、175時間の1割に当たる17時間分を減らして158時間とし、その分を他教科の授業に回すことが可能となります。つまり、学習内容や指導方法だけでなく、授業時数の運用にまで裁量の幅を広げているわけです。

文部科学省は長らく、「教育の機会均等」を機関哲学に据えてきました。全国どこにいても、同じ水準の教育を受けられるのは、そうした国の施策に支えられてきた側面があります。そうしたなかで、1割とはいえ授業時数に裁量権を与え、「通う学校によって、教科の授業時数が異なる」状況を容認したのは、大きな転換だという見方もできます。

２０２４年度、「授業時数特例校」に指定されている学校は、全国で１０４校にのぼります。全国には３万近い小・中学校がありますので、割合的には１％にもなりません。それでも、こうした学校が全国各地にできはじめたという事実は、横並び意識の強い学校教育に大きな風穴をあける可能性があります。気になるのは、これら１０４の指定校が、具体的にどの教科を減らし、どの教科を増やしているのかです。圧倒的に多いのは、国語や算数（数学）、理科、社会など主要教科の授業時数を減らし、総合的な学習の時間に割り当てているケースです。

かつて「ゆとり教育だ」などと批判を受け、総合的な学習の時間は年間標準授業時数を減じられました。このとき、その分の時数を主要教科に割り当てられたと考えることもできます。それとはまったく逆の流れが、20年近い時を経て実験的に進められているのです。

ではなぜ、「授業時数特例校」の指定を受けた多くの学校が、総合的な学習の時間を増やしているのでしょうか。それは「探究的な学び」を充実させるためです。

たとえば、２０２４（令和６）年度から指定を受けた渋谷区は、区内の全小・中学校で「シブヤ未来科」という探究学習をスタートさせました。時間数ごとに挙げると、企業等とのコラボによる体験活動を50時間、共通テーマによる探究を70時間行い、子どもたち一人一人が「My探究」を35時間行います。つまり、総合的な学習の時間に割り当てられる年間の授業時数は、実に１５５時間にものぼることになります。法令が定める標準時数は50～70時間ですから、２～３倍もの時間を割り当てている計算です。

さらに驚くのは、時間割の組み方です。午前中の1～4校時を主要教科の授業とし、午後の5・6校時を「シブヤ未来科」に割り当てています。つまり、子どもたちは午前中に教科の授業を終え、午後からは探究的な学びに取り組むというスタイルなのです。

渋谷区のパンフレットを見ると、次の1文が目にとまります。

「学習指導要領に定められた各教科で学ぶ内容は変わりません（減りません）」

主要教科の授業時数を減らしながら、学ぶ内容（量）は変わらないというのは、各教科の授業進度を早めるということでしょうか。そうした側面もあるとは思いますが、主要教科で習得した「知識及び技能」を「シブヤ未来科」で活用することを通して、その定着を図ろうとしているのではないかと推察されます。このスタイルがうまく機能するのであれば、これまでもより効率的に学習内容の定着を図れるだけでなく、「知識及び技能」を活用する力を育成することができるということになります。

今後もし、上限「1割」という制限が緩和・撤廃されれば、さらにドラスティックに時間割を組み替える学校が出てくるかもしれません。そして、これこそが真の「カリキュラム・マネジメント」であり、子どもと実社会をつなぐ架け橋となる実践になる可能性もあります。

一方で、こうした「教育現場の裁量権拡大が教育水準の学校間格差を生むのではないか」という指摘もあります。もし本当にそうなるのであれば、文部科学省が維持してきた「教育の機会均等」という機関哲学とも決別することになるのかもしれません。

また、渋谷区とは異なり、総合や道徳科、美術、体育などを減らして主要教科に割り当てる学校が出て来る可能性もあります。（そのとき、入試がどのような制度のもとで運用されているかによりますが）「他教科等で学んだことを主要教科で生かす」という考え方のもとで教育課程を編成している学校の生徒がもし、入試に有利な状況が生じるといったことがあれば、関係各所からの要望・要請を受け、そうしたスタイルの学校に追随せざるを得なくなる可能性もあります。

現時点でもこうした懸念点を指摘できる以上、すべての公立学校で掲げる教育目標に基づいて好きなように授業時数を運用できるようにするのではなく、あくまでも教育課程特例制度の指定を受けて行うとする位置づけは維持されるものと考えられます。

とはいえ、中央教育審議会におかれては、各学校が、子どもの実態、地域特性、所属教員の個性などに基づいて、（リスクを伴ってでも）それに適した特色ある教育課程を柔軟に編成できる枠組みを提言してくれることを期待します。

〈引用・参考文献等〉
●文部科学省「地域と学校の連携・協働体制の実施・導入状況について（令和4年度）」
●産経新聞「VUCA時代に求められる探究の力　『堀川の奇跡』の立役者、荒瀬克己氏が目指した学校改革」（2024年3月24日）
●カードゲームde探究学習「探究学習とは何か？日本全国の探究学習の取り組み事例をまとめてご紹介！」（2025年1月5日確認）

●文部科学省「STEAM教育等の教科等横断的な学習の推進について」
●島根県教育センター「つなぐ！つなげる！活用する！教科等横断的な学び」
●中央教育審議会「『令和の日本型学校教育』の構築を目指して～全ての子供たちの可能性を引き出す、個別最適な学びと、協働的な学びの実現～（答申）」（2021年1月26日）
●大谷敦司（2022）「もっと自由に、もっと深く学ぶために」（教育新聞連載）
●教職研修編集部著（2022）『校長の挑戦――10人の校長が語る、学校改革の軌跡』（教育開発研究所）
●長沼豊（2023）『イエナプランの中学校』（教育新聞連載）
●青山光一（2022）『個別・協働・探究で学校が変わる』（教育新聞連載）
●髙木展郎（2015）「指導要録の改訂と学習評価の変遷」
●工藤 勇一（2018）『学校の「当たり前」をやめた。――生徒も教師も変わる！公立名門中学校長の改革』（時事通信社）
●中央教育審議会「今後の学校におけるキャリア教育・職業教育の在り方について（答申）」（2011年1月）
●宮地勘司（2021）『探求のススメ―教室と世界をつなぐ学び』（教育開発研究所）
●藤原文雄・生重幸恵・竹原和泉・谷口史子・森万喜子・四柳千夏子（2021）『学校と社会をつなぐ！――これからの人づくり・学校づくり・地域づくり』（学事出版）
●文部科学省「令和5年度英語教育実施状況調査」
●文部科学省「第3期教育振興基本計画」
●文部科学省「『外国人留学生在籍状況調査』及び『日本人の海外留学者数』等について」
●内閣府「我が国と諸外国の若者の意識に関する調査（平成30年度）」

●文部科学省「令和5年度国公私立大学入学者選抜実施状況」
●文部科学省「大学入学者選抜関連基礎資料集」
●文部科学省「特別支援教育資料（令和4年度）」
●文部科学省「通常の学級に在籍する特別な教育的支援を必要とする児童生徒に関する全国実態調査」
●大内 紀彦（2024）「イタリアの学校の当たり前 インクルーシブ教育最前線」（教育新聞連載）
●文部科学省『生徒指導提要』（2022年12月改訂）
●教育新聞「先を生きる 生徒指導から生徒支援へ 逸見峻介」（2024年5月8日配信）
●森万喜子（2024）『「子どもが主語」の学校へようこそ！』（教育開発研究所）
●文部科学省「学校保健統計調査（令和5年度）」
●文部科学省「夜間中学の設置・検討状況」（2024年10月）
●文部科学省「令和5年度 児童生徒の問題行動・不登校等生徒指導上の諸課題に関する調査結果について」（2024年10月）
●文部科学省「学びの多様化学校（いわゆる不登校特例校）の設置者一覧（令和6年度）」
●「石井英真准教授(3)―ビッグアイディアで内容の重点化、構造化を図り、深い学びを実現【教育キーパーソンにインタビュー！ 令和の教育課程『その課題と未来』＃09】」みんなの教育技術ウェブサイト（https://kyoiku.sho.jp/342261/）
●広田照幸、橋本尚美、濱本真一、島﨑直人「少子化が進む中で教員を増員するということ」『季刊教育法』No.222、2024年

第4章

国は
教育現場における
デジタル活用を
どのように考えているか

Question 31

「1人1台端末」の活用はいまのままでよいのか

本章では、第3章で紹介したさまざまな実践を進めていくうえで大きな鍵を握る教育のデジタル化の目指すべき方向性や活用のあり方などについて考えていきたいと思います。

（これまで述べてきたように）日本の学校のデジタル環境はコロナ禍を経て激変し、世界トップクラスに躍り出ました。それを実現した施策が「GIGAスクール構想」で、児童・生徒に1人1台ずつデジタル端末（1人1台端末）を配備する自治体等に、補助金を出すというものでした。

この「GIGAスクール構想」が打ち出されたのは、2019（令和元）年でした。しかし当初は、どの自治体の動きも鈍く、どちらかというと端末の整備には後ろ向きでした。そんな状況を一変させたのが、コロナ禍です。

全国一斉休校になった2020年、一部の学校や自治体がオンライン授業を実施したことで、端末の必要性を多くの人々が認識するに至ったのが契機となり、2021（令和3）年4月を迎えるころには、全国のほぼすべての自治体が児童・生徒に1人1台ずつ端末を配備するに至りました。当初は、2023（令和5）年度末までの計画でしたから、3年ほど前倒しで実現したことになります。

大変だったのは現場の教員たちでしょう。これまで黒板とチョーク、教科書が主役だった教室に、いきなりデジタル端末が入ってきたわけです。実際、導入直後は「どうやって使えというのか」と戸惑い、唐突な配備に批判的な声をあげる教員もいました。その一方で、ポジティブに受け止めた教員もいたおかげで、いまではタブレット端末を操作ながら学習を進める子どもたちの姿は珍しいものではなくなっています。

しかし、すべての学校・すべての授業で有効活用されているかといえば、道半ばといったところでしょう。いまもなおデジタル機器の活用が思うように進んでいない地域や学校もありますし、「どれだけ活用できているか」「効果的に使えているか」については、大きな開きがあります。

とはいえ、のんびりしていられない事情もあります。２０２６年ごろには、デジタル機器の更新時期を迎えるからです。もし、そのころになってもなお有効活用されていなければ、その地域の議会などから「更新する必要はないのではないか」といった声が上がりかねません。その意味でも授業におけるさらなる活用を促していくと同時に、これからの学びにはデジタル端末が不可欠であることを周知していくことが急務と言えます。

ほかにも、解決を図るべき課題があります。１つ目の課題は、デジタル端末の特性・強みを生かした活用法です。それを考えるに当たっては「ＳＡＭＲモデル」が参考になるでしょう。これは、フィンランドのプエンテデューラ氏が２０１０年が考案した、学校現場でのＩＣＴ活用を示すモデルで、「Substitution（代替）」「Augmentation（拡大）」「Modification（変容）」「Redefinition（再定義）」の頭文字をとった言葉です。

たとえば、授業中のノートの写しをデジタル端末で行う活用は「代替（Substitution）」に当たり、端末を活用する意味はほとんどありません。また、デジタルドリルなどの活用は「拡大（Augmentation）」に当たり、効率性や利便性を高めるには適しているものの、端末活用の成果は限定的です。

それに対して、子どもが端末を持ち帰って自宅で予習し、学校では予習したことをベースにして仲間と対話する「反転授業」などの実践は、学び方そのものに変化をもたらしているという点で「変更（Modification）」に当たります。さらに、子どもが端末を使ってクラウド上で仲間と協働作業を行い、その成果を社会に向けて発信するといった活動は、学びのあり方そのものを問い直す活用となり「再定義（Redefinition）」に当たります。

学校教育においては、可能な限り「変更」「再定義」の段階を目指すことが求められるでしょう。とはいえ、いきなりその段階を目指せと言われてもむずかしい学校もあるでしょうから、まずは「代替」「拡大」の段階から入り、効果的な活用方法が見えてきたら、少しずつ「変更」「再定義」の段階を意識していくというのが、現実的だろうと思われます。

２つ目の課題は、ストレージ問題です。デジタル端末が日常的に使われるようになれば、当然データ量が飛躍的に増えます。そのため、クラウドを使えるようにする必要があります。すでに教育現場でもクラウドの活用そのものは広がりはじめていますが、ネットワーク上の通信速度がボトルネックになっているケースも散見されます。そこで、デジタル端末の更新と同時に、通信環境の改善を図ることが必要となるでしょう。

3つ目の課題は、デジタル端末の「自宅への持ち帰り」を認めるかです。現状、破損やセキュリティ、使いすぎなどのリスクを考慮し、持ち帰りを認めていない自治体や学校も少なくありません。しかし、それではデジタル機器のもつ強みは半減します。なぜなら、端末を持ち帰ることができれば、前述したように予習したり、デジタルドリルで復習したり、クラウド上で友達と協働作業ができたり、近所の動植物を撮影できるようになったりするからです。先述した「SAMRモデル」の「変更」「再定義」を目指すのであれば、持ち帰りができたほうがよいことは明らかです。

余談になりますが、学習者用デジタル教科書を持ち帰ることができれば、紙の教科書を学校に置いて帰ったとしても、家庭学習に支障を来しません。近年は、至るところから「子どもの荷物が多すぎて可哀相」といった声が聞かれますので、この問題の解消にもつながります。

また、副次的効果として、端末を活用することで教員の業務負担を軽減できる可能性もあります。デジタルドリルには自動採点機能があり、丸つけの手間が省けます。また、30人以上分のプリントを印刷したり、集めたり、返却したりする手間も、授業支援アプリを活用すれば簡単にできます。ほかにもいろいろな活用法が考えられるので、デジタル端末の活用法を校内研修のテーマに据えて先生方同士で論じ合う機会とするのもよいのではないでしょうか。

Question

32

「学習者用デジタル教科書」と紙の教科書は併存し得るのか

学校教育におけるデジタル端末の有効活用という点で、取り上げないわけにはいかないのが、学習者用デジタル教科書です。

学習者用デジタル教科書とは、紙の教科書をデジタル化したものを指します。教科書は文部科学省による検定を経なければならないことから、紙の教科書の記載内容を変更することは基本的にできません。ただ、検索などデジタルならではの機能や補助教材を加えることは可能です。むしろ、そうした機能・補助教材こそが、教科書をデジタル化することの最大の意義だと言えます。先述した「SAMRモデル」で言えば、「拡大」「変更」レベルでの活用を後押ししてくれるからです（大臣諮問でも「デジタル教科書等の在り方をどのように考えるか」を審議事項に挙げています）。

なかでも、活用の効果が大きいとされているのが英語です。たとえば、英語のリスニングはこれまで、CDプレーヤー等から音声を流す形で行われていましたが、子どもによっては再生速度が速すぎて、内容をよく理解できないまま学習が進んでいくような状況がありました。しかし、学習者用デジタル教科書であれば、本文の読み上げ機能や再生速度の調整機能があることから、子どもは自分に合った速度でリスニングでき、聞き取れない部分は繰り返し再生することができます。加えて、本文の内容を描写した映像やアニメーションを収録しているものもあるので、音声情報だけでなく、視覚情報を手がかりにして理解を深めることもできます。

このように、主要教科のなかでも外国語科はデジタル教科書との親和性が高いことから、2024（令和6）年度から小5～中3で先行導入されたという経緯があります。そのほかにもいくつかの学年・教科で、デジタル教科書を導入する自治体を支援する事業が展開されています。

とはいえ、導入されたからといって使われているとは限りませんし、効果的に使われているかも検証が必要です。そのため、文部科学省では「学習者用デジタル教科書の効果・影響等に関する実証研究事業」を実施し、全国的な活用状況や効果的な活用方法について調査研究を進めているところです（大臣諮問でも「手軽に質の高い翻訳も可能となる中、外国語を学ぶ意義をどのように考えるか」を審議事項に挙げています）。

学習者用デジタル教科書が強みを発揮するのは、英語だけではありません。理科では補助教材として実験動画や野生生物の動画などが収録されており、知識を定着させるうえで役立つことでしょう。同様に、音楽や体育、美術などの実技教科においても、技能を習得するうえで動画コンテンツが大いに役立つと考えられます。

学習活動において動画や音声が有効なことは以前から認識されており、これまではプロジェクターやCDプレーヤーなどの機器が用いられてきました。しかし、（前述したように）子どもたちの理解力に伴う差を生じさせていました。学習者用デジタル教科書はそうした問題点を克服し、子どもたちの学びを「個別最適」にするツールとして期待されているのです。

さらに、学びのユニバーサルデザインという点でも大きな効果を期待できます。たとえば、文字を拡大できるうえに、背景色や文字色なども自由に変えられることから、視力に弱さのある子どもの助けになります。また、音声も読み上げてくれるので、文字を「読んで理解する」ことに困難を感じる学習障害の子どもの助けになります。このような諸機能によって、発達に特性のある子どもにも恩恵があります。特別支援学級の教員からも、「デジタル端末が入ったことで、子どもたちが意欲的に学ぶようになった」といった声をよく耳にします。

その一方で、デジタル機器の活用は子どものスクリーンタイム（画面を見ている時間）を増やし、健康への影響を懸念する声もあります。この点に関しては、「デジタル教科書の今後の在り方等に関する検討会議」（文部科学省の有識者会議）が、30分に1回20秒程度、画面から目を離して目を休めることなどを推奨しています。

加えて指摘しておきたいことは、学習者用デジタル教科書の活用にはペーパーレス化のメリット等もあることから、「紙の教科書は廃止してしまってもよいのではないか」といった議論が起こることです。しかし現状、紙媒体をなくすことは想定されていません。ただ、教員や子どもがデジタル教科書の使用に習熟し、健康面への影響といった問題なども解消されれば、再検討される可能性は大いにあるでしょう。

ほかにも解決すべき課題があります。１つ目は、学習者用デジタル教科書に収録された「補助教材の充実度」です。教科書としては大きな差がなくても、たとえばA社の教科書には動画やアニメーションが豊富に収録されていて、B社の教科書にはほとんど収録されていないといったことがあれば、教科書採択に偏りが生じ、特定の教科書会社による寡占が進む可能性があります。検定制度の趣旨から考えれば望ましい状況だとは言えず、なんらかの対応が必要でしょう。

２つ目は「教科書そのものとしての活用法」です。教育論議ではよく「教科書を教えるのか（「知識及び技能」の習得を軸とするのか）、それとも「教科書で教えるのか（「思考力、判断力、表現力」等を働かせることを軸とするのか）」と言われます。これは、いわば古くて新しいと言われる教育課題の一つですが、この課題はデジタルになれば解決されるものではありません。

大臣諮問では「新たな学びにふさわしい教科書の内容や分量」、学習指導要領の「目標・内容の一層分かりやすい構造化」「学習内容の学年区分に係る弾力性を高める」ことを審議事項として挙げており、次期学習指導要領の構造いかんでは、教科書そのものが抜本的に変わるかもしれないことも視野に入れておくとよいのではないでしょうか。

Question
33 「プログラミング教育」は、次期学習指導要領でも扱われるか

プログラミング教育は、２０２０（令和２）年度から順次実施された現行学習指導要領で、全校種において必修化されました。これまでも中学校の技術科、高校の情報科などで実施されてきましたが、それが小学校段階においても必修になったわけです。今回の大臣諮問ではプログラミングに関して直接的に言及した記述はありませんが、おそらく次期学習指導要領においても、その枠組みが大きく変わることはないでしょう。

現状、プログラミング教育は「Scratch（スクラッチ）」や「Scratch Jr（スクラッチ・ジュニア）」「Viscuit（ビスケット）」「Springin'（スプリンギン）」などのアプリを活用しながら実践されています。ただし、子どもたちは、プログラミング言語を駆使してコーディングしているわけではありません。これらのアプリは、コードを書かずともプログラミングできるからです。

「それでは、プログラミング教育とは言えないのではないか」と考える人がいるかもしれませんが、そもそも学校でのプログラミング教育は、コードを書けるようになることを目指していません。（［Question 10］でも解説したように）主として「論理的思考力」を養うことが目的です。

プログラミング言語の仕様やトレンドは常に変化します。そのため、特定の言語を覚えたとしても、大人になるころには使えない可能性があります。今後、作業的なプログラミングは生成AIが代替するでしょうから、（プログラミング言語そのものの考え方を学んだり、機械学習の原理を学ぶのは有益であるものの）コーディングに必要な構文や関数を覚えることが求められているわけではありません。

また、プログラミング教育を通じて育まれる力については、「論理的思考力」のほかにもあります。その一つは「創造力」、新しいアイデアを発想して形にする力です。たとえば、「Scratch」であれば、ゲームをつくることができます。公式サイトには、「Scratch」を使ってつくられたゲームの数々が公開されており、アクション系からパズル系まで、実にさまざまなゲームを楽しめます。どのゲームも非常によくできていて驚かされます。

ゲーム以外にも、たとえば自作のキャラクターを動かし、入力した台詞をしゃべらせるといったことも可能です。ある小学校では子どもたちが「Scratch」を活用して学校の紹介ムービーを制作して新入生向けのガイダンスで流すといった取り組みが行われています。日常的に動画を見たりゲームをしたりしている子どもたちにとって、こうした活動は非常に魅力的で、時間を忘れて一心不乱に取り組む子も少なくありません。

もう一つ、プログラミング教育を通じて培われる力の一つが、（［Question 09］で解説した）「問題発見・解決能力」です。いま一つピンと来ない人もいると思いますが、子どもたちが実生活のなかから問題を発見し、プログラミングを通じて解決するような取り組みが、実際にいくつかの学校で行われています。

ライフイズテック社が開催している「ライフイズテック レッスンコンテスト」は、そんなプロジェクト型学習の成果を競い合うコンテストです。２０２４（令和６）年度のコンテストでは、「生成ＡＩによる1 to 1観光ガイド！八丈島の魅力を世界に届けたい！」「私たちの『但馬』を知って欲しい！」などの作品を手がけた中・高生が、最優秀賞を受賞しています。

また、プログラミング教育は、学習活動の組み立て方次第で、クラスメイトと協働する力を養うこともできます。たとえば、ある学校ではプログラミングを駆使して、地域防災の問題を解決する学習活動にグループ単位で取り組んでいます。あるグループは「スフィロボルト」というプログラミングで動作するロボットを使って、避難所の「人助けロボット」を制作しましたが、その過程では仲間と協働しながら、ヒアリング調査や情報収集、設計図の作成、プログラミング作業などを分担して進めています。

このように、プログラミングは「探究的な学び」における有効なツールの一つとなり得ることがわかります。もちろん、探究的な学びはアナログでも行えますが、プログラミングというプロセスを加えることで、子どもたちのモチベーションを高められるのです。

一方、現状のプログラミング教育を見渡すと、特定のゴールを決めて取り組ませるような例も散見されます。（第2章でも紹介した）「プログラミングを使って正三角形を描く」活動などはその最たるものと言えるでしょう。あるいは、キャラクターに特定の動きをさせるという課題に、全員が一斉に取り組むといった活動も行われています。

もちろん、こうした学習活動であっても論理的思考力は高まるでしょうし、導入の実践としては有効だとは思われます。ただ、プログラミングの学習活動がある程度の段階に達したら、子どもたち一人一人が自由に作品を制作したり、問題を見つけて解決を図ったりするような学習活動を検討する必要があると考えます。

なお、ライフイズテック社がリリースする「ライフイズテック レッスン」のように、中・高等学校におけるプログラミング学習を丸ごとパッケージ化した教材もあります。たとえば、高校の「情報Ⅰ」も、チャプターに沿って学習を進めれば、1年間で全単元をカバーできます。ある教員は、教科書をほとんど使わず、「ライフイズテック レッスン」をフル活用する形で授業を進めていったと言います。

2024年1月、奈良教育大学附属小学校において、教科書を使わずに授業をしていたことが不適切だとした新聞・テレビ報道がありましたが、すでに一部の学校・教科では、教科書が補助的な位置づけになっている状況もあります。今後、学校や教員の裁量が広がり、学習活動が探究的・創造的になっていけば、教科書は子どもたちの理解を補完するためのツールの一つという認識が広がっていく可能性もあるでしょう。プログラミング教育は、そうした学び方のシフトが最も進んでいる領域の一つだという見方もできるのです。

Question

34

「校務のデジタル化」が、教員の負担軽減に寄与するにはなにが必要か

ここまで述べてきたことは、次期学習指導要領において必要となる考え方や見通しですが、それらの多くは、現行学習指導要領においても求められているものでもあります。これは、大臣諮問で指摘されているとおり、「全体としては、現行学習指導要領の理念や趣旨の浸透は道半ば」であると認識されているからです。

ではなぜ、前回の改訂から8年もの月日が流れた現在でも「浸透は道半ば」なのでしょうか。その要因の一つに挙げられるのが現場の多忙さです。「社会に開かれた教育課程」も「主体的・対話的で深い学び」も「デジタル端末の活用」も、「どれも大事なことはわかるが、すべて充実する余裕はない」と公言する現場教員もいます。

今後、よりいっそうデジタル端末が有効活用されるようになれば、授業が学習者主体となる確度が上がるのは間違いないのですが、そうなるまでの間、教員はデジタルを取り入れた教材研究や授業準備に多くの時間と労力を割かなければなりません。それは学習活動をデジタル化する過渡期にあることを考えれば致し方ないのですが、そうするための一歩を踏み出すゆとりがない学

校・教員も少なくないのが現実です。そもそも人間が新しいことに取り組むには相当のエネルギーが必要であり、それを促すには時間的・精神的余白が必要です。

そうするために一番効果が高いと考えられるのが教員を増やし、クラスサイズを小さくするか、年度を通して教員一人が受けもつコマ数を減らすことです。この点について中学校では、2026（令和8）年度から順次、学級規模を40人から35人に引き下げることが決まっていますが、それだけで過重労働が解消するとは考えられません。多忙で心身の健康に支障を来す教員が続出している現状を考えれば、それとは別の手立てを講じる必要があります。

その一つが、校務のデジタル化です。「そもそも新しいことに取り組む余裕がないから困っているのに…」と眉をひそめる人もいるかもしれませんが、校務のデジタル化は授業のデジタル化ほど敷居が高くありません。アプリを導入し、管理職が活用するように促せば、時間とともに浸透していきます。

現在もほとんどの学校で校務支援システムが導入されていると思いますが、異動先の学校（自治体の異なる学校）では違うシステムが導入されていたり、使い勝手がわるかったりして、かえって校務が煩雑になってしまうということもあるようです。

そこで考えたいのが「統合型校務支援システム」です。たとえば都道府県ごとにシステムが統合されるなど、どの学校においても利用できるようにし、成績処理、出欠管理、時数管理、健康診断情報管理、指導要録といった事務処理を円滑に行えるインターフェースを用意することで、ユーザビリティを高めることです。

そうするためには、サーバーを自前で設置する「オンプレミス型」から「クラウド型」に切り替える必要もあります。「オンプレミス型」は初期の導入コストが高いだけでなく、前述したように自治体によってシステムが異なるといったことが起きるからです（そのために、児童・生徒が転出入した際に学籍情報や成績情報などをシームレスに引き継げないといった不便さもあります）。

「クラウド型」への移行に対しては、「個人情報等の流出リスクがあるのでは」とセキュリティ面で懸念する声が根強くありますが、近年のクラウドサービスはセキュリティや可用性（安定的稼働）、バックアップ、災害対応などさまざまな面で「オンプレミス型」よりもアドバンテージがあると言われます。

どのようなシステムであっても、完全なセキュリティなどこの世には存在しません。必ずなにかしらの穴（セキュリティ・ホール）があります。現状の取り組みとしては国がデータの標準化を進めるなどして、異なるシステム間（自治体間）でも円滑にデータ連携ができるようにすることです。

このようにクラウド型に移行し、たとえば児童・生徒の健康管理を兼ねた朝の出欠も、子どもがパスカードを使って校門を通過し、かつクラウドを介して保護者とシームレスに情報連携できるようになっていれば、「データ上、登校していることになっているはずの子どもが見当たらない」「データ上、登校していないことになっているはずの子どもがいた」ときにチェックするといった取り組みに切り替えていけるでしょう。また、子どもの登校記録（データ）が指導要録に記載する学籍の記録にも自動反映されるようになっていることもマストです。

加えて、右に挙げた保護者との情報連携が万全であれば、子どもの様子を伝える連絡帳、行事等の各種案内、アンケート調査、教材購入や修学旅行費などの学校徴収金の入金管理、天産地変等による緊急連絡なども（技術的には）一元化できるはずです。そうすれば、煩わしい事務作業の多くをコンパクトにすることができるはずです（ただし、この場合には、厳密な管理業務が必要となるので、専門的なスキルを身につけた事務職員の拡充が必要となるでしょう）。

こうした取り組みに対して、なかには「通信可能なデジタル端末（スマホやパソコンなど）をもっていない家庭はどうするのか」と指摘する人もいると思いますが、いまやその心配はほとんどありません。仮に保護者がスマホをもっていないケースがあったとしても、「GIGAスクール構想」により、子どものタブレット端末を自宅に持ち帰らせれば済むことです（この場合、タブレット端末に、学習用アプリに加えて学校との情報連携用アプリがタブレット端末にインストールされており、子ども用のアカウントと保護者用のアカウントを切り替えて使えるようにする必要はあります）。また、家庭に通信環境がない場合には、自治体がモバイルルーターを貸し出すといった方法もあり、実際にそうしている自治体もあります。

校務のデジタル化という点でもう一つ、大きな期待を寄せられているのが生成AIです。2023年初頭から日本でも「ChatGPT」が話題となり、民間企業を中心に、すでに多くの人たちが日々の仕事で活用しています。

学校教員のなかにも、行政のガイドラインを守りつつ、生成ＡＩを有効活用する人も増えてきました。学級通信の作成なども、盛り込んでほしい要素をプロンプトに列記して文章にまとめるよう指示すれば、違和感のない日本語で出力してくれます。もちろん、個人情報の入力には注意する必要がありますが、文章を書くのが苦手な人には、有効なツールとなります。

ほかにも、学習指導案、行事のプログラム、学級だより、研修の報告書なども、生成ＡＩを使ってたたき台をつくれば、作成にかかる時間を大幅に短縮できます。高度な使い方をしている教員のなかには、評価規準、テスト問題、推薦書を作成している人もいます。校務における生成ＡＩの利用にはさまざまな可能性があり、文部科学省も「生成ＡＩの校務での活用に関する実証研究」を進めるなど期待を寄せています。

業務を改革するというのは、一般企業でもたいへんです。いくら上層部がかけ声をかけても、社員に余力がなければ通例どおりのやり方から脱却することはできません。教育現場においても同じで、過労死ラインを超えて働く教員が数多くいる現状では、新しい教育実践への切り替えや教育のデジタル化を進めるのはむずかしいでしょう。

また、かけ声だけであれば、「結局、改革はすべて現場のがんばりに頼るのか」との反発を招きかねません。次期学習指導要領が掲げる理念を実現するうえでも、それと並行して教員の負担軽減を図るシステム開発を進め、有意義な実践を支える土台を築いてほしいと思います。

Question

35

自治体・学校間の「デジタル格差」を埋めるにはなにが必要か

教育のデジタル化の推進において、もう一つ大きな課題となっているのが自治体・学校間格差です。学びの変革に向けて、端末が果たす役割を認識し、積極的に活用を推進している自治体もあれば、機器を配備したものの、その後はほぼ教員任せになっている自治体もあるからです。また、同じ自治体であっても学校によって差はありますし、さらに言えば、同じ学校・学年のなかでも教員によって差はあり、そうした状況に保護者が不満を募らせているケースもあります。

教育の機会均等という観点から言えば、こうした格差の存在は望ましくありません。とはいえ、活用が遅れている自治体や学校に歩調を合わせていては、世界的に見ても後れを取るだけです。必要なのは、活用が進んでいない自治体や学校の活用が進むように、行政として手厚く支援策を講じていくことです。この点を見誤ってはならず、まかり間違っても、横並び意識にとらわれて積極的・先駆的に活用している学校・教員の足に枷をはめてはなりません。

「そんな馬鹿なこと、いくらなんでもしないだろう」と思う人もいると思いますが、コロナ禍を思い出してください。教員が「オンラインで授業をしたい」と申し出たところ、「あなたの学級ではできるかもしれないけれど、そうできない学級もあります。そんな不公平なことはできません」などと理由をつけて、その申し出をはね除けたケースを、筆者は知っています。これに類することは、いろいろな学校であるように思いますし、いずれも横並び意識によって「できるはずのことをできないことにする」悪例だといえるでしょう。

確かに学校教育の場ですから、「公平」「平等」を重視するのはわかるのですが、考え方次第です。たとえば、オンライン授業に限ったことではなく、新しい試みを提案してくれた教員の授業を、今後のためのテストケース（校内研修に資する先行研究）と位置づけ、授業を教員同士で参観し、協議会の場でその授業の可能性を論じ合ったり、学校を挙げて実現する方途を探ったりすればよいことのはずです。

その結果、「うちの学校だとやっぱり無理そうだ」となるのであれば、それでよいではないでしょうか。少なくとも、勇気を出して申し出てくれた教員のやる気を削がずに済みます。

格差解消に向け、教育委員会として考えられる支援にはどのようなことが考えられるでしょうか。その一つとして挙げたいのが「ＩＣＴ支援員」（専門スタッフ）を学校に入れることです。

デジタル端末などを活用した授業において機器トラブルが起きれば、授業は滞ります。そうしたトラブルがつづけば、次第に教員は端末や機器を使った授業を避けるようになるでしょう。こうしたトラブルに対処し、定期的なメンテナンスを講じるのがＩＣＴ支援員です。

文部科学省の調査では、２０２２（令和４）年度時点で全国に７１４４人、約４・６校に１人の割合で配置されていますが、配置状況は自治体によって差があり、まったく配置していない自治体も約3割にのぼります。ICT支援員を配置する自治体が、そのメリットを感じて配置数を増やす一方、後ろ向きな自治体は一向に配置しない状況があるという状況です。

（［Question 28］でも述べたように）ポイントはICT支援員にどのような役割を担ってもらうかです。機器のメンテナンスだけであれば、配置のメリットは小さく、人数を増やす必要もありません。授業や校内研修、校務など、教員の業務レベルにまで支援が及んでこそ、ICT支援員の配置によって得られるメリットは大きくなるのです。

デジタル機器やアプリは常に進化し、日々新しい活用方法も開発されつづけている今日、教員一人がそうした情報をキャッチし、自身の仕事につなげるのは困難です。その意味でも、ICT支援員を配置し、情報共有や情報連携の役割を担ってもらうことの意義は大きいと言えます。

ICT支援員が果たす役割の大きさは文部科学省も認識しており、「GIGAスクール構想」に先立って実施された「教育のICT化に向けた環境整備5か年計画」においても「4校に1人配置」を目標として地方財政措置が講じられています。2022年時点で約「4・6校に1人」までは来ているので、順調にいけば2026年ごろには達成できるものと思われます。

そのために乗り越えるべき課題があります。現状、ICT支援員はパートタイム労働者として雇用されているケースが多く、せっかくできた学校とのつながりが、単年で途切れてしまうケースも少なくないことです。また、急速なニーズの拡大に人材育成が追いついていない状況もあります。それに、（「4人に1人」の目標を達成するのは大切なことですが）ただ集めればよいわけでもありません。そこで、雇用環境の改善を図り、職業としての魅力を高め、有為な人材を安定的に確保していける仕組みを構築することが必要です。

格差是正に向けたその他の支援策としては、「StuDX Style」（全国の優良な活用事例を広く紹介する特設ホームページ）や、「学校ＤＸ戦略アドバイザー事業」（２０２３〈令和5〉年）があります。後者は、デジタル環境の整備から具体的な活用方法に至るまで相談に応じ、必要に応じてアドバイザーを派遣する事業です。さらには、全国の２００校のモデル校を指定し、その成果を広く共有していく「リーディングＤＸスクール事業」も展開し、学校現場の端末活用を推進しています。

先述したように、日本の学校のデジタル化は、数年前まで世界的に見ても大きく遅れていたなかで1人1台端末環境が整ったわけで、急造ゆえの問題が各地で生じています。そのため、問題解消には時間がかかると思いますが、学びの変革に向けてデジタル化の必要性を強く認識し、粘り強く支援策を講じつづけていくことを期待したいところです。

Question 36

実効性のある「教育データの利活用」を実現するにはなにが必要か

たとえば、学籍情報をデジタル化すれば、児童・生徒の氏名と読み仮名、性別、生年月日、住所、連絡先の電話番号、保護者の氏名、兄弟姉妹の氏名などのデータが蓄積されます。健康診断であれば、身長や体重、視力、聴力、病歴などのデータが蓄積され、学習面であれば、通知表の評価、所見、定期テストや単元テストの点数などのデータが蓄積されます。それらのデータは学籍情報のデータに紐づけられる形で保存されるでしょう。また、授業でデジタル端末を活用すれば、児童・生徒の学習記録がデータ化されます。このように学校教育のデジタル化は、推進するほどに多種多様にわたる数多くのデータが蓄積されることになります。

こうして蓄積されたデータをうまく活用できれば教育活動の充実を図ることができます。たとえば、教科別・単元別に行ったテストの標準偏差をグラフ化して分析すれば、多くの子どもが困難を抱えているのはどの教科・単元の学習なのかがわかり、授業の改善すべきポイントがターゲットされます。また、子どもの学習状況を個別に分析すれば、その子に合った指導方法を検討することもできるでしょう。

こうした分析は、デジタル化以前から行われてきたことですが、アナログで分析するのは非常にたいへんだったはずです。デジタル化により、前述したさまざま情報（データ）が蓄積されれば、集計・分析を自動化できるようになり、一人一人の児童・生徒ごとに、校内での比較だけでなく、全国の学校との比較から得意・不得意領域を把握するなど、より大きな視野から詳細に学習の状況や課題を読みとれるようになります。加えて、各教員の授業改善も、分析結果に基づいてより高い精度で行える可能性があります。

ただし、この「可能性」が現実化するには、学校や自治体ごとに異なるプラットホームであったとしてもデータ連携できる標準化が必要です。しかしこれは、自治体ができることではありません。

そこで文部科学省は、２０２０（令和２）年６月に「教育データの利活用に関する有識者会議」を設置してどのような条件整備が必要なのかを検討し、２０２２（令和４）年３月に議論のまとめを公表しました。また、これに先立つ形で、同年１月には「教育データ利活用ロードマップ」を公表し、教育データの流通・蓄積の全体イメージを示しました。具体的には、教育データを、①主体情報、②内容情報、③活動情報に整理しています。

①の主体情報とは児童生徒や教職員、学校、設置者などの情報、②の内容情報とは、学習分野など学習内容に関する情報、③の活動情報とは児童生徒の生活や学習、教員や学校の指導、学校の運営などに関する情報です。

こうした検討を経て、文部科学省では教育データの標準化を進め、①の主体情報として「学校コード」「教育委員会コード」、②の内容情報として「学習指導要領コード」などを示しています。たとえば、中学校・数学・第3学年の「二次方程式の必要性と意味及びその解の意味を理解すること」には「8350233131100000」というコードが割り振られており、教科書や副教材、ドリルなどにこのコードが適切に割り振られれば、さまざまな教材での学習記録を活用してデータ分析が可能になります。

こうした分析は、一般企業等では早い段階から行われてきました。いわゆる「ビッグデータ」の活用です。製造業であれば、顧客の年齢、性別、居住地などのデータと、購入された商品の情報などを取得・蓄積・分析することで、商品開発やマーケティングに活用してきました。

これを教育界に置き換えれば、顧客にかかわる情報は「児童生徒の情報」、商品情報は「学習内容」、商品開発やマーケティングは「授業改善」や「教育施策の立案」に当たると考えることができます。つまり、教育データをビッグデータとして扱えるようにすることで、学校教育の総体的な充実・改善を図っていくというねらいです。

ただ、そうは言っても話は簡単ではありません。教科書や副教材、ドリルなどに「学習指導要領コード」を割り振る作業は煩雑で、世の中に存在する膨大な数の教材に浸透するまではかなりの時間がかかるでしょう。加えて、日本社会は個人情報の取扱いに敏感で、成績データの取得や利活用については、自治体や学校に慎重な対応が求められます。

前述の「教育データ利活用ロードマップ」が公表された際も、「政府が個人の教育データをデジタル化して一元管理しようとしている」といった誤情報がSNS上で飛び交い、政府がその火消しに追われました。

実際には国が一元管理するわけではなく、学校や自治体、事業者が個々に管理する方針でしたが、こうした誤解が生じるのも、個人情報の利活用に対する警戒心の表れだと指摘できます。もちろん、個人情報の適正な取扱いは重要ですが、データを利活用することのメリットにも目を向けながら、国や自治体の施策を受け入れていく姿勢が社会全体に求められます。

その一方で、もし教育データの利活用それ自体を目的としてしまえば、本質を見失うことになりかねません。教育データとして残しやすいものは「知識及び技能」の部分であり、これを高めることを第一としてデータを活用すれば、旧来型の学力観に基づく競争を激化させる可能性があります。

次期学習指導要領が目指すのは、子どもたちが「知識及び技能」を活用しながら問題を発見し、周囲と協働しながら解決策を探っていけるようにすることです。その点を見失わないようにするためにも、「これからの時代を生きるうえで必要な資質・能力はなにか」を絶えず確認しながら、教育データの利活用を図っていく必要があります。

Question

37

高校に新設された「情報Ⅰ」には、どのような役割が課されているのか

現行の高等学校学習指導要領が告示されたとき、大きな話題になったことの一つに、「情報Ⅰ」という科目が共通必履修科目として新設されたことが挙げられます。これにより、すべての高校生が卒業するまでに履修する情報系の必修科目が誕生したことになります。加えて、２０２５（令和7）年からは大学入学共通テストにおいても、「情報Ⅰ」の試験が実施されています。大学入試センター試験時代から、国語や数学、英語など主要5教科を軸とした試験の構成はほとんど変わらずにきましたが、そこに新設の科目が登場したことで、大学入試の全体情勢にも少なからず影響が出てきそうです。

教科・科目としての「情報」が高校の教育課程にはじめて登場したのは２００３（平成15）年、ちょうど「ＩＴバブル」が起きてしばらくのころでした。グーグルやアップルなど外資系のＩＴ企業が次々と日本社会に進出するなか、ＩＴ系人材の育成を通じて国際競争力を高めることがその主たる目的でした。それから約20年が経ち、いよいよ必修科目となったわけですが、その背景にはやはり経済界からの強い要請があったものと推察されます。

というのも、昨今のＩＴ業界では人材不足が大きな問題となっているからです。２０１９（平成31）年に経済産業省が公表した「ＩＴ人材需給に関する調査」によると、日本社会は慢性的にＩＴ人材不足の状況にあり、２０３０（令和12）年には最大約79万人が不足する可能性があると指摘しています。その背景には「ＩＴ産業の拡大」と「労働人口の減少」があり、特にセキュリティエンジニアやデータサイエンティストなど、より高度な専門性を有する人材の育成が求められています。

（[Question 33] で述べたように）小学校や中学校のプログラミング教育は、「プログラミング的思考」（論理的思考力）の育成を目指すものです。それに対して、高校の「情報Ⅰ」は、「ＩＴ人材不足」という現実的な事情を背景として新設されたと考えることができます。

実際、「情報Ⅰ」は、プログラミングの体験活動をメインとした小・中学校とは異なり、より実践的な内容となっています。具体的には、①情報社会の問題解決、②コミュニケーションと情報デザイン、③コンピュータとプログラミング、④情報通信ネットワークとデータの活用の４つの項目で構成され、②③④については高度な知識及び技能の習得が目指されています。

大学入学共通テストの実施問題を見ても、プログラミングやアルゴリズム、情報通信ネットワークなどについて、ハイレベルな問題が散見されます。「プログラミング能力検定」で言えば、6段階の上から二つ目の「レベル5」に相当すると言われています。

小学校や中学校のプログラミング教育で培われた論理的思考力や創造力なども、「情報Ⅰ」の学習活動に役に立つでしょうが、大学入学共通テストの試験科目となったことから、多くの学校では受験に特化した指導も行われることでしょう。その点で、体験・創作活動に軸を置いている小・中学校のように、「楽しい時間」「夢中になれる時間」にはならない可能性もあります。

気になるのは、各大学が大学入学共通テストの「情報Ⅰ」をどのように取り扱うかです。現状、国公立大学は大半が「必修」とし、受験することを求めています。ただし、その取扱い方は大学によって異なり、得点化せずに成績同点者の順位決定にのみ活用したり、100点満点を50点満点に換算して得点化したりとさまざまです。私立学校の「共通テスト利用入試」については、情報系の学部のみ必須科目とする大学もあれば、いっさい得点化しない大学もあります。こうして見ると、高校生にとってはどう受験戦略を組み立てるか、むずかしいものがありそうです。

「情報Ⅰ」については新設科目ということもあり、さまざまな課題が指摘されてきました。第一は、指導体制の地域差です。「情報」の教員免許状を所持している教員の割合が都道府県によって異なり、なかには教科外の教員が担当したり臨時免許状を発行したりしてやりくりしているところもあります。ここ数年はかなり改善されてきてはいますが、これまでの状況なども考えれば、この地域格差が少なからず試験に影響を及ぼしているものと考えられます。

加えて、「情報Ⅰ」は高校1年生のときに履修することが多いことから、入試までの2年間はブランクが生じます。1年次にプログラミングの活動などをしても、2~3年次はそのスキルを活用する時間がないため、3年次の後半になって大学入学共通テスト対策を集中的に実施するようなことも起こりかねません。

本来、「情報Ⅰ」で習得する知識及び技能は、実社会に存在する問題を解決に導き、新たなコンテンツやサービスを創造することにつながるはずです。とはいえ、現状の履修状況を見る限り、実社会と直結するような学びは設定しづらいものがあります。

こうした状況の突破口となり得るのが、［Question 24］でも触れた「総合型選抜」です。たとえば、高校1年次に「情報Ⅰ」で得た知識を基に、2・3年次の「総合的な探究の時間」で、プログラミングや情報通信の知識・技能を生かした探究的な学びに取り組むのです。たとえば、民間企業などとコラボレーションする形で学べるようにするとより効果が高いでしょう。

大学入学共通テストの試作問題を見ると、「知識及び技能」に加えて、「思考力」も必要とされており、非常によく考え抜かれた良問です。とはいえ、ペーパーテスト形式で実施する限り、測れる資質・能力は限定されます。効率的に得点を取るための受験参考書・問題集も多数リリースされていることから、小手先のテクニックにとらわれる受験生も出てくることでしょう。

今回の大臣諮問には、「テクノロジーを含むあらゆる資源を総動員して」という言葉が登場します。日本がＩＴ産業の市場規模を大きくしていくことは、国際競争を生き抜く生命線の一つともなり得ますから、大学入学共通テストの結果なども踏まえつつ、「実社会に新たなイノベーションを起こせるＩＴ系人材を輩出するにはどのような教育システムが必要なのか」について、より具体的な方策を検討していく必要があるでしょう。

Question 38

過疎化する地域の学校に対し、今後どのような支援を行えるか

教育のデジタル化の成果として期待されていることの一つに、へき地（中山間地域や離島など）における教育の充実が挙げられます。この点は、中央教育審議会「義務教育の在り方ワーキンググループ」においても、必要な方策として盛り込んでいます。

へき地における小規模校の課題の一つは、教員数が少ないことから、いわゆる「免許外教科担任」が指導に当たらざるを得ない状況が増えてしまうことです。一人の教員が複数の教科を受けもち、専門外の教科の授業に四苦八苦するようなケースも珍しくありません。また、高校では履修できる教科が限られ、生徒の進学先が狭められてしまうケースもあります。

そうした状況を踏まえ、文部科学省では２０１５（平成27）年からオンラインを活用した遠隔授業について条件整備を進めてきました。具体的には、ある学校で実施した授業（遠隔地の学校から配信された授業）を視聴した場合も、正規の授業として扱えることにしたのです。これは、受信側の学校に当該教科の免許状を有する教員がいなくても、授業を行う配信側の教員が有していればよしとする制度です。

たとえば北海道ではこの仕組みを活用し、「配信センター」的な役割を担った学校が、複数の学校に授業を配信するといった取り組みを行っています。また、高知県では教育センター内に「遠隔授業配信センター」を設置し、さまざまな教科で授業を配信しています。文部科学省においては、こうした各自治体の取り組みも参考にしながら、2024（令和6）年度には「各学校・課程・学科の垣根を超える高等学校改革推進事業（学びの機会の充実ネットワークの構築）」をスタートさせ、配信センター等を拠点とした授業配信を拡大しています。

日本は今後も少子化が進み、学校の小規模化が進む見込みです。そうしたなか、中学校や高校では、免許外の教員が授業を担当せざるを得ないケースもいま以上に増えることでしょう。そうした地域間格差の拡大は、教育の機会均等の理念に照らしても望ましくありません。本章の冒頭で、デジタル端末の配備が格差を生む可能性について述べましたが、一方で学校のデジタル化は格差を縮小するためのツールにもなり得るのです。

小規模校のもう一つの課題として、子どもの人間関係が固定され、多様な考え方や価値観に出合い、社会性や協調性を育む機会が限られる点が挙げられます。そうした環境では、授業が特定の子どもによってリードされ、発言者も固定されがちです。しかし、多様な価値観を受け入れながら周囲と協働していくことがこれからの時代を生きる人材に不可欠である以上、たとえ中山間地域の学校であってもそうした学びをつくっていく必要があります。この課題に対しても、教育のデジタル化は効果を発揮します。他地域の学校とオンラインでつながり、定期的に交流授業を行えるようにすれば、子どもたちの世界観を広げられる可能性があるからです。

このように、遠隔地をつなぐ「オンライン授業」を実施する学校は増えており、2024（令和6）年1月に能登半島地震が起きた際には、学校に通えない子どもがオンラインで授業に参加するといった実践も生まれています。こうして見ても、デジタル端末が学びを保障するツールになり得ることがわかります。

また、オンライン授業を有効活用すれば、日々の学習指導を充実させることも可能です。たとえば、小・中学校の理科（地球領域）では地形や地層について学ぶ単元がありますが、近隣に観察させたい自然環境が存在しないケースがあります。植物を学ぶ単元においても同様のことがいえます。こうした場合にも、遠隔地の学校とオンラインでつながれれば、現地の地形や地層、動植物などを視聴することもできるでしょう。動画コンテンツを活用するのもよいですが、交流先にある生《なま》の教材を使った学習交流は、子どもたちの学習意欲を高めるうえでも有効です。

また、「社会に開かれた教育課程」の実現に向けて、地元企業等との連携が求められていますが、地域によっては連携できる業種が限定されていることもあります。そうした場合も、オンラインで遠隔地の企業や事業者とつながることができれば、幅広い業種・職種の人たちと子どもたちを交流させることができます。

また、海外の学校ともリアルタイムでつながることが可能です。実際、あまり時差のない東南アジアやオーストラリアの学校とオンラインでつながり、互いの国の文化や風習を発表し合うといった学習活動を行っている学校もあります。

加えて「学びの保障」という点では、病院内にある「院内学級」の子どもを対象とした授業においても、デジタル化は効果を発揮します。全国病弱虚弱教育研究連盟の調査によると、2021（令和3）年における院内学級の設置数は小学校119、中学校80あり、在籍者は388人にのぼります。そうした子どもたちが、授業を視聴するだけでなく、配信元の教室の子どもたちと交流できる点で大きな教育的価値があります。

昨今、院内学級と教室をつなぐ新たなツールとして注目されているのが、「オリヒメ（OriHime）」（株式会社オリィ研究所の分身ロボット）です。ぬいぐるみほどの大きさのロボット（高さ23センチ）で、カメラやマイク、スピーカーなどを搭載しています。この「オリヒメ」を教室に設置すれば、病院にいる子どもの端末画面に、教室の様子が映し出されます。加えて、「オリヒメ」に搭載されたカメラは、病院にいる子が操作し、視界を変えることも可能です。

また、教室の声は病院にいる子の端末に届き、病院の子の声は教室の「オリヒメ」から教室の子どもたちに届きます。教室の子どもたちからすれば、「オリヒメ」が病院にいる子どもの分身であるかのような存在になるわけです。

「オリヒメ」を使った院内学級プロジェクトは2015（平成27）年にはじまり、東京都内のいくつかの院内学級で導入されています。また、院内学級に限らず、さまざまな事情で学校に通えない子の学びを保障するツールとしても期待されます。

Question

39 「生成AI」を学校教育にどう取り入れていくべきか

２０２３（令和５）年の前半、世間の話題を独占したのが「生成ＡＩ」でした。この年の流行語大賞にも選ばれたくらいです。

そのきっかけとなったのは、２０２２（令和４）年11月に米国のオープンＡＩ社が、「ChatGPT」（Ver. 3.5）をリリースしたことでした。その回答精度の高さに世界中のＩＴエンジニアが驚き、公開から1週間もたたないうちに、ユーザー登録者数は１００万人を突破しました。

リリース当初、「これで教員は必要なくなる」と言う人もいました。質問を入力すれば、なんでも回答してくれるからです。生成ＡＩはネット上にある膨大な情報を学習しつづけています。そのため、教師が答えられない質問にも瞬時に答えてくれます。確かに知識を得るためだけならば、生成ＡＩのほうが人間の教師より優れている面はあるでしょう。

しかし、これからの時代を生きる人間に求められるのは、知識や技能だけでなく、正解のない問い（課題）を発見し、周囲と協働しながら解決を図れる力です。そうした力をつけてくれるものではないので、学びのすべてが生成ＡＩに置き換わることはないでしょうし、学校教員という職業がなくなることもないでしょう。ただし、生成ＡＩが学びのツールの一つとして、大きな役割を果たしていくことは間違いないと思われます。

教育界においても生成ＡＩは大いに話題になり、子どもに「使わせるか否か」「使わせるとしたら、どのような使い方か」が議論の的となりました。読書感想文や作文も生成してしまうことから、なんの制約もルールもなく使わせれば子どもの思考力や表現力が育たなくなるのではないかといった指摘もあります。

そうした状況を踏まえ、文部科学省は２０２３（令和５）年７月にガイドラインを公表し、生成ＡＩを利用する際の留意点などをまとめています。ガイドラインでは、「特に小学校段階の児童に利用させることには慎重な対応を取る必要がある」と明記し、いくつか不適切な使用例などを示す一方で、生成ＡＩの教育利用自体は否定しておらず、活用が考えられる例も示しています。

たとえば、生成ＡＩの回答を教材として性質や限界等を考えさせる、アイデア出しにおいて足りない視点を見つける、書いた文章を修正させて推敲する、プログラミングをさせる、といった活動例です。実際にこうした活動は、全国のいくつかの学校で実践されはじめています。

とはいえ、いまのところ生成ＡＩを活用している学校や教員は、ごく一握りです。「（その存在を）知ってはいるけど使ったことはない」という教員のほうが多いのではないでしょうか。また、いまも生成ＡＩの利用に対して批判的な人もいて、「子どもの思考力が育たなくなる」「個人情報の問題がクリアできない」などの声も聞かれます。

パソコンもスマホもＳＮＳも、わずか数年で仕事や生活の欠かせないツールとして普及し、多くの人々が当たり前に使うようになりました。もちろん、普及の過程では事故や弊害も生じましたが、それでも普及が止まることはありませんでした。実社会に目を向ければ、便利なテクノロジーは、多少のリスクがあったとしても浸透していくものなのです。

もし、学校教育において生成ＡＩの活用に不適切な制限をかければ、実社会との間にギャップを生じさせるのみならず、学校が行う教育活動が、社会の求める資質・能力の育成につながらなくなることも考えられます。

また、学校がいかに制限をかけたとしても、そのツールが便利であれば、子どもたちは使います。かつてＬＩＮＥが登場した際も、多くの大人が使用の賛否を話し合うのを横目に、子どもたちは使いまくっていました。

生成ＡＩの進化は著しく、うまく指示・質問を入力すれば、高度なアウトプットができるようになってきています。たとえば、自治体の人口動態や面積、主要産業などを細かく指定して、地域振興の事業計画をつくるといったことも、ある程度のレベルで可能です。現在でもすでに、企業のプロダクト開発やプロモーション活動の一端を、ＡＩが担うようになってきています。

そうなってくると、ＡＩの是非を論じていてももはや意味はなく、ＡＩにかかわる見識を積み、上手に使いこなせる能力を身につけることこそ重要になるのではないでしょうか。というのは、これからの実社会で活躍できる人材とは、ＡＩの特性を理解して適切なプロンプトを入力し、出力された情報をもとに新たな仕事を創造できる人材だといった認識が広がる可能性があるからです。

また、生成ＡＩはプログラミングも得意です。生成ＡＩをうまく活用すれば、大学生はおろか高校生や中学生でも、ゲームやアプリを開発できる時代がもう到来しています。小説の作成や楽曲、動画制作といった創作活動においても、当たり前に使われるようになるでしょう。このように考えれば、学校教育において生成ＡＩを活用しない理由を見つけることのほうがむずかしいと思われます。

ただし、個人情報の取り扱い、誤情報への冷静な対応などは必要です。生成ＡＩはプロンプトを入力するとその内容をコンピュータが学習するため、それが間接的にとはいえ情報漏えいにつながる可能性があるからです。こうしたことが、生成ＡＩの活用を阻む一要因となっています。

そうしたリスクを最小限に抑えるため、最近はユーザーがプロンプトに入力した情報をＡＩに学習させないツールも開発されています。また、子どもたちが一人ずつアカウント登録をせずとも利用できるサービスもリリースされています。

そもそも生成ＡＩを活用する授業づくりを、（できる教員もいますが、多くは）教員のマンパワーで行うのはむずかしいでしょうから、当面は外部のリソースを活用したり、民間の事業者に委託したりするといった対応も必要でしょう。

いまの子どもたちが成人するころには、あらゆる商品・サービスに（なんらかの形で）生成ＡＩ

が組み込まれている可能性があります。そうした社会で豊かに生きていけるようにするためにも、学校教育における生成ＡＩ活用は、遠ざけてはおけない喫緊の課題の一つであることは間違いないでしょう。

〈引用・参考文献等〉

●文部科学省「ＧＩＧＡスクール構想の実現パッケージ〜令和の時代のスタンダードな学校へ〜」（２０１９年12月）
●佐藤明彦（２０２１）『ＧＩＧＡスクール・マネジメント「ふつうの先生」がＩＣＴを「当たり前」に使う最先端自治体のやり方ぜんぶ見た。』（時事通信社）
●文部科学省「教科書目録」
●デジタル教科書の今後の在り方等に関する検討会議「学習者用デジタル教科書の使用を各教科等の授業時数の２分の１に満たないこととする基準の見直しについて」（２０２０年12月）
●デジタル教科書の今後の在り方等に関する検討会議「デジタル教科書の今後の在り方等に関する検討会議（第一次報告）」（２０２１年６月）
●教育新聞「先を生きる　ＡＩを自在に操る　安藤昇」（２０２４年８月28日配信）
●文部科学省「教育のＩＣＴ化に向けた環境整備５か年計画（２０１８〜２０２２年度）」
●教育データの利活用に関する有識者会議「教育データ利活用の実現に向けた実効的な方策について（議論のまとめ）」（２０２４年３月）

●デジタル庁、総務省、文科省、経産省「教育データ利活用ロードマップ」（2022年1月）
●文部科学省「教育データの標準化について」
●みずほ情報総研株式会社「IT人材需給に関する調査―調査報告書」（2019年3月）
●河合塾「国公立大共通テスト『情報Ⅰ』の設定状況」（2024年8月現在）
●中央教育審議会「義務教育の在り方ワーキンググループ論点整理について」（2023年3月）
●文部科学省「高等学校における次世代の学習ニーズを踏まえた指導の充実事業」（令和元年度）
●全国病弱虚弱教育研究連盟「令和3年度 全国病弱虚弱教育施設数一覧」
●文部科学省「初等中等教育段階における生成AIの利用に関する暫定的なガイドライン」（2023年7月）

第５章

日本の学校教育が乗り越えていくべき壁はなにか

Question 40 「カリキュラム・オーバーロード」を解消するうえで押さえておくべきことはなにか

最終章では、教育改革を推進するうえで日本の学校教育が乗り越えていくべき壁について論じていきたいと思います。まずは、「カリキュラム・オーバーロード」を取り上げます。

カリキュラム・オーバーロードとは「教育課程」の「過積載」を意味する言葉で、教員が教える内容、子どもたちが学ぶ内容が適正量を超えていて、いろいろなところに歪みが生じている状況を指します。

では、どのような歪みが生じているのでしょうか。第一に挙げられるのが教員の業務過多です。それが病気休職者の増加、教員志望者の減少、さらには教員不足などの問題を生んでいます。子どもたちのほうも授業で扱う教科書の内容が多いゆえに学力の定着を図れず、格差が生じたり、そのストレスから不登校になったりしたりする状況も見られます。

この「カリキュラム・オーバーロード」と関連するものとして挙げられているのが教員の「ワーク・オーバーロード」です。これも教員の業務過多を意味しますが、「カリキュラム・オーバーロード」とは分けて考える必要があるといった指摘があります。

というのは、仮に授業で扱う内容を減らせたとしても、（教員は楽になるかもしれませんが）子どもたちに必要な力がつかなくなってしまうのであれば本末転倒だからです。もしそうなれば、学校教育そのものへの是非が問われてしまうでしょう。

そもそもなぜ「カリキュラム・オーバーロード」が起きているのでしょうか。そこには大きく３つの要因を指摘できると考えます。

１つ目は、学校教育の役割の肥大化です。

これまでたくさんの「○○教育」が生まれ、時代のトレンドなどに応じて消えたり残ったりしてきましたが、そのなかには家庭や地域で担うべき事柄であるはずなのに、なぜか学校が背負い込んでしまっているようなものもあります。「情報モラル教育」や「キャリア教育」「環境教育」「国際理解教育」など、いまでは当たり前に学校が担っていますが、本来であれば家庭や地域社会が担うべきものという見方もできます。「コンビニの前で子どもがたむろしていると学校に苦情が入る」「大きな事件や事故がニュースで起きると、教員が登下校の見回りに駆り出される」といった話も、学校の役割肥大化を表す象徴的なエピソードだと言えます。

こうしたことは、「○○教育」や児童・生徒の問題行動等への対応にとどまりません。日常的な子どもの健康管理などもそうでしょう。端的に言えば、「子どものため」を旗印に掲げ、（どんな事柄であっても）「できないよりできたほうがいい」という心情を安易に優先させてしまうと、無尽蔵に学校の役割を肥大化させてしまうのです。

2つ目は、「ゆとり教育批判」以降の授業時数の増加です。

（［Question 09］で詳述したように）1998（平成10）年に改訂された学習指導要領では教育内容が大幅に削減されましたが、後に「学力低下を招く」として世間からバッシングを浴びました。その結果、10年後に改訂された学習指導要領では、授業時数が小・中学校ともに年間70時間増加されました。さらに、2017（平成29年）年に改訂された学習指導要領では、小学校については高学年で英語が教科化されたため、さらに35時間が上積みされています。

日本の公立学校では、2002年から完全学校週5日制が実施され、土曜日の半日授業がなくなっていることもあって、時間割自体の器はサイズが小さくなっています。そこに授業時数を増やされているわけですから、小学校でも6時間目まである時程が増えたり、（自治体の方針で）土曜授業が行われるようになったりしています。

それに対して、勤勉で真面目な日本の教員は、こうした状況を受け入れて対応してきました。喩えるならば、過積載であるにもかかわらずドライバーの腕によって、なんとか事故を回避しながら荷物を送り届けてきたということです。

ところが、ここに来て大小さまざまな歪みが生じるようになってきました。「過積載」をつづけてきたのですから、（切ないことですが）いつかはそうなる話だったのです。

3つ目は、（［Question 30］でも解説したことですが）余剰時間のあり方です。

余剰時間は、天災地変や感染症などによる学校・学級閉鎖によって年間標準授業時数（学教法施行規則別表）を下回ってしまうことを回避するために設定されている場合があります。これに対して文部科学省は、「非常変災等の不測の事態において、当該授業時数を下回ったことのみをもって学校教育法施行規則に反するものではない」と通知しています。

余剰時間そのものは、子どもたちの発達段階や実態に応じて設定するものですから、「妥当な時間」「適切な運用」となっていればなんの問題もありません。しかし、たとえば右に挙げた目的のために設定された余剰時間が、子どもたちや教員にとって過度の負担になってしまっているのだとすれば、そのあり方や扱い方を見直す必要があるでしょう。

いずれにしても、（授業で扱う内容を重点化するなどして）教科書を網羅する授業から脱却し、授業時数を適正化することが、喫緊の課題であることは間違いありません。しかし、ここに立ちはだかるのが、やはり世間的・社会的な理解です。

もし、次期学習指導要領において各教科の教育内容や授業時数が削減されたならば、かつてのようなバッシングが起きる可能性はゼロではないでしょう。そうなれば、せっかく進めてきた知識及び技能偏重からの脱却も、探究的な学びの推進も水泡に帰してしまいかねません。

「ゆとり教育批判」のトラウマは、いまも多くの教育関係者のなかに残っていますから、現行学習指導要領に基づくコンピテンシーベースへの転換も、世間の虎の尾を踏まないよう細心の注意を払いながら進められてきました。

実際、２０１４（平成26）年までは能力主義に対して慎重な姿勢を崩さなかった文部科学省が、あえて「資質・能力の三つの柱」という言葉を使ったのも、（穿ちすぎかもしれませんが）学力観の大転換に世間の目が集中しないようにするためだったという見方もできます。

幸い、現行学習指導要領は大きな批判にさらされることなく、小・中・高等学校と実施され、それと並行する形で大学入試改革も進みつつあります。また、激増する不登校の背景には、カリキュラム・オーバーロードがあるという認識を世間に広げることができれば、改革のアクセルをぐっと踏み込むことができるかもしれません。

実際、現状の標準授業時数が多すぎることを明らかにした学術調査もあります。東京学芸大学の大森直樹教授が40都道府県の1654人を対象に行った調査では、実に69％もの教員が子どもの実態に「合っていない」「やや合っていない」とし、それが不登校や病気休職者の増加につながっていると考える教員も数多くいました。

もちろん、実際に教育内容を減らす（または重点化する）ことでどのような影響が出るかは、慎重な検討が必要です。その際、知識及び技能への影響に終始する議論にしてはならず、「実社会を生きるうえで必要な資質・能力」を育むという趣旨に基づいて検証する必要があります。

今回の大臣諮問では、標準授業時数を減らすことについての直接的な言及はなく、その点については一部で失望の声も聞かれますが、今後の中央教育審議会における審議のなかで、削減するか否かにまで踏み込んで議論が展開されるはずだと考えており、大いに期待したいところです。

Question 41

教員の「ワーク・オーバーロード」を解消するにはなにが必要か

（[Question 40] でも触れたように）「週5日」という器に満たせる授業の内容には限りがあります。加えて、保護者対応をはじめとする業務が増えつづければ必然的に教員の「ワーク」が「オーバーロード」します。さらに看過すべきではないのが、「オーバーロード」した「ワーク」に対して適正な対価が（いわゆる超過勤務手当が制度上）支払われないことです。

この問題は近年突然もちあがったものではありません。そこで、まずは教員の超過勤務及び教職調整額が法制化された歴史的経緯について詳しく触れておきたいと思います。

●昭和23年の公務員の給与制度改革により、1週間の拘束時間の長短に応じた給与を支給することとなったが、教員の給与については、勤務の特殊性[注①]から、1週48時間以上勤務するものとして、一般公務員より一割程度高い俸給が支給されることとなったことに併せ、教員に対しては超過勤務手当は支給されないこととされ、文部省では、超過勤務を命じないよう指導してきた。

●しかしながら、昭和32年に等級別の給与体系に移り、それ以後この等級別俸給表が毎年改訂され、併せて俸給表の構成も種々改正される過程で、従前の教員給与の有利性が必ずしも明確ではなくなっており、人材確保等のため、教員給与について待遇の改善が求められていた。

●教員の超過勤務については、上記のとおり、原則としてこれを命じない指導方針がとられてきたが、この指導にもかかわらず、実態においては、なお教員が時間外にわたって仕事を行うことが認められること、また一方教員の給与制度はその後幾多の変遷を経ることとなったことから、教員にかかる時間外勤務とそれに対する給与上の措置について理解が分かれ、その結果、超過勤務手当の支給を求めるいわゆる「超勤訴訟」が全国一斉に提起された。

●昭和46年に至り、同年2月の人事院の意見の申出を受けて、文部省は、教員の勤務を勤務時間内外を区別せず、包括的に再評価する教職調整額を支給し、超過勤務手当制度を適用しないこととする「国立及び公立の義務教育諸学校等の教育職員の給与等に関する特別措置法案」を作成し、国会へ提出した。

[出典] 文部科学省「昭和46年給特法制定の背景及び制定までの経緯について」(https://www.mext.go.jp/b_menu/shingi/chukyo/chukyo3/042/siryo/attach/1259040.htm)、注及び傍点は筆者

このような経過を経て、1971(昭和46)年に制定された給特法(公立の義務教育諸学校等の教育職員の給与等に関する特別措置法)に基づき、教員に対しては超過勤務手当を支払わないものの、教

職調整額（給料月額の４％）が支払われることになったわけです。そしてこの制度は、超勤４項目[注②]以外の業務に対しては超過勤務を命じないことを大前提としています。

しかし現在、超過勤務命令の有無にかかわらず、先生方は早朝から夜遅くまで仕事をせざるを得ない状況が常態化しています。この点に立脚するだけでも、この制度が現実的に機能していないことは明白だといえるでしょう。

額面においてたとえば、月給30万円の教員でさえ教職調整額は１万２０００円です。月の残業が30時間にのぼれば、時給に換算すると４００円にすぎません。各都道府県が定める最低賃金が１０００円前後ですから、その半分にも満たないことになります。文部科学省が実施した「令和４年度教員勤務実態調査」では、小・中学校とも教諭の月の残業時間が40～50時間にのぼっていますから、世間から「ブラックだ」と誹りを受けても反論するのはむずかしいでしょう。

こうした状況を鑑み、中央教育審議会（質の高い教師の確保特別部会）は、教職調整額を「10％以上」にすることを提起し、その後、文部科学省は「13％」まで引き上げる形で、令和７年度の概算要求に計上しました。

その後、財務相が別案を示すなど両省の間で折衝が重ねられ、２０２４年12月24日、現状の４％を２０２５年度から段階的に引き上げ、２０３０年度に10％へ増額することで正式合意がなされました。制度化されてから50年以上、４％に据え置かれていた教職調整額が引き上げられたわけで、そう考えれば画期的なこと……という見方もできるかもしれません。

しかし、この正式決定に対する先生方の反応は、決して好意的とは言えないものでした。「10％になったとしても見合っていない」「給料が引き上げられたからといって、すぐに教員不足が解消するわけではない」、あるいは「給料はいまのままでいいから、定時退勤をさせてほしい」といった意見が飛び交い、なかには国や文部科学省を辛辣に批判する声や、とにかく給特法を改廃し、きちんと超過勤務手当を出せるようにすべきだという声も上がっています。

確かに、「教員の多忙化を解消する」ことを目的とするならば、教職調整額を増やしたところで状況は変わらないでしょう。下手をすれば、教職調整額の増額を理由に、いま以上に業務量が増えても文句一つ言えなくなる状況が生まれれば目も当てられません。「多忙化を解消する」のであれば「給与を増やす」のではなく「人を増やす」べきで、小学生でもわかる理屈です。

こうしたことから、教職調整額の引き上げと同時に、中学校については学級規模を現状の「40人」から「35人」にすることも、両省の間で合意されました。2026年度から3年間をかけて、段階的に実施される予定です。2021年から8年間をかけて、ようやく小・中学校の学級規模がすべて「35人」となるわけです。

確かに、40人→35人になるだけでも中学校教員の業務量は改善されるとは思いますが、過重労働の元凶とも言われるのが部活動であり、いまのところほぼ手つかずのままです。教員の過重業務解消については、中央教育審議会で長い年月をかけて議論されてきただけに、やや肩透かしの感は否めないでしょう。

それならば、人員が大きく増えないなかでも教員の業務量を適正化するために、なにかできることはないでしょうか。方策の一つは、先述した「カリキュラム・オーバーロード」の解消です。人を増やせないなら業務を減らそうというわけで、これは財務省と関係なく進められます。もちろん、無為無策で減らすべきではないので、細かな検証に基づいて進める必要があります。

もう一つは、(【Question 34】でも述べた)デジタル化による業務効率化です。デジタル化を進めれば学籍関連情報の入力・保存、申請書類の作成・提出、保護者との情報連携、教員間の情報共有など、校務の大幅な効率化を図れます。実際に、文部科学省が公開している「全国の学校における働き方改革事例集」には、ICT化による業務効率化の事例が数多く掲載されています。

日常生活であれば、いまやデジタル機器を使わない生活など考えられなくなりました。物品の購入、銀行振込、情報の収集、交通経路の確認、飲食店の予約、チケットの購入、電化製品の遠隔操作など、数えればきりがありません。

そうしたなかにあってなお、「デジタル化を推進したほうがよい」という主張を耳にしただけで眉をひそめる教育関係者もまだいるようですが、そうした方も日常生活においてはスマホやパソコンを使っており、そのメリットとデメリットを知っているはずです。そうしたデジタルの特性を踏まえた効率化を考えることこそ建設的だといえるでしょう。

もう一つ、多忙化解消において重要なのは、学校が担う業務の見直しです。

地域には「学校にかかわりたい」「なにか学校の役に立ちたい」と考えている人は多く、(中央教育審議会も答申のなかで示していますが）登下校の目配り、放課後や夜間の見回りなどは、地域ボランティアの助けを借りながら問題なく行えています。ほかにも、地域学校協働本部などの組織が、そうした役割を担っている事例もあります。このような取り組みは、地域との有効な連携であるだけでなく、図らずも「社会に開かれた教育課程」の実現にも寄与するはずです。

また、昨今は「スクールサポートスタッフ」と呼ばれる外部スタッフを雇い、プリントや細かな雑務を任せることで、業務負担軽減を図っている事例もあります。これは市町村の行政側のマターとなりますが、過重労働の改善を現場任せにしないためにも、一考したいところです。

こうしたことと併行して、たとえば「コンビニに子どもがたむろしているから、なんとかしてほしい」といった連絡が学校にあったときなども、今後は「学校の管理下ではないので、なにかあっても責任をとることはできず、そもそも学校が対応すべきではない」ことを丁寧に伝え、理解を求めることも必要です。

そのためにも、学校が担うべき本来の業務はなにか、担うべきではない事柄はなにかについて、保護者や地域の理解を求めるべく、保護者面談や学校だより、学校のＷｅｂサイトなどを通じて定期的に周知することも必要でしょう。このように、家庭や地域との連携を工夫することも、教員の業務負担軽減につながるはずです。

このようなさまざまな取り組みを併行して行っていくことで、（完全解消とはほど遠くても）かなりの程度、教員の業務量の適正化を図れるはずです。そうなってはじめて、本当の意味で無理なく、楽しく、子どもたちの学びの変革をもたらすさまざまな教育活動にチャレンジできるようになるのだと思います。

[注①] 教員の「勤務の特殊性」とは、次の2つを合わせたものをいう。
〈職務の特殊性〉教育の仕事に従事する教員の職務はきわめて複雑、困難、かつ、高度な問題を取り扱うものであり、したがって専門的な知識、技能はもとより、哲学的な理念と確たる信念、責任感を必要とし、また、その困難な勤務に対応できるほどに教育に関する研修、専門的水準の向上を図ることが要求される。このように教員の職務は一般の労働者や一般の公務員とは異なる特殊性をもつ職務である。
〈勤務の態様の特殊性〉通常の教科授業のように学校内で行われるもののほか、野外観察等や修学旅行、遠足等の学校行事のように学校外で行われるものもある。また、家庭訪問のように教員個人の独特の勤務があり、さらに自己の研修においても必要に応じて学校外で行われるものがある。このように、勤務の場所から見ても学校内の他、学校を離れて行われる場合も少なくないが、このような場合は管理・監督者が教員の勤務の実態を直接把握することが困難である。さらに夏休みのように長期の学校休業期間中の勤務は児童生徒の直接指導よりも研修その他の勤務が多いなど一般の公務員とは違った勤務態様の特殊性がある。
[注②]「超勤4項目」とは次の業務を指す。
イ 校外実習その他生徒の実習に関する業務
ロ 修学旅行その他学校の行事に関する業務
ハ 職員会議（設置者の定めるところにより学校に置かれるものをいう。）に関する業務
ニ 非常災害の場合、児童又は生徒の指導に関し緊急の措置を必要とする場合その他やむを得ない場合に必要な業務

Question

42

「部活動」の負担軽減に向けてどんなことができるか

一口に教員の過重業務といっても、小学校と中・高校とでは性質が異なる面があります。たとえば、小学校は一人でほぼ全教科の授業を受けもつため空き時間が少なく、授業の準備やプリントの採点などは放課後にしている状況があります。それに対して中・高校は教科担任制のため、空き時間を使ってデスクワークを行えますが、放課後には多くの教員が部活動指導に当たります。平日の放課後だけでなく、（部活にもよりますが）土日や長期休暇中に練習や試合につき添う必要もあります。「令和4年度教員勤務実態調査」（文部科学省）では、小学校教諭より中学校教諭のほうが平均勤務時間が長いというデータが出ていますが、これは部活動があるためです。

もちろん、部活動の活動時間は学校によって異なりますし、受けもつ部活動によって負担の程度も異なるでしょう。文科系だと部活動が週1～2回だけというケースもあります。しかし、月の残業が過労死ラインにのぼる教員が数多くいる以上、この問題を看過することはできません。

部活動による過重労働を解決する策の一つは、教員の勤務形態を2シフト制にすることです。たとえば、早番を「8時～16時45分」と遅番を「12時～20時45分」として、遅番の教員が部活動を担うようにするのです。実際、そうした提言をしている研究者もいますし、勤務シフトを工夫することで部活動指導の負担を軽減している私学もあります。

もちろん、この案を現実化するには、教員の数を大幅に増やさねばなりません。なので「実現は不可能」と多くの人は思うでしょう。ただ、中学校や高校の教員の勤務時間を適正範囲に収めるのであれば、これぐらいのことはする必要があります。なにより部活動が学校教育に果たしてきた役割を考えれば、けっして常軌を逸した提案ではないと考えます。

日本の中学生や高校生は、保護者負担がほぼゼロに近い状況で、部活動に参加しています。学校や指導者によっては非常に高度な技術を教えてくれて、全国大会に出場したり、プロへの道を切り拓いたりしてくれることもあります。そこまでいかなくても、部活動を通じて生徒たちの人間的成長をサポートしてくれている先生方はたくさんいます。このように恵まれた状況は、世界中を見渡してもほとんどありません。

他方、いきすぎた指導によって生徒たちが苦しい思いをしているといった事例もあります。部活動を学校に残すのであれば、全員加入の見直しも含め、子どもたちに過度な負担がかからないようにする工夫も必要です。

とはいえ、部活動を通じて結ばれた教員と生徒の信頼関係が、日ごろの生徒指導に生きているケースもあると聞きますし、部活動のもつ諸価値を考えれば、勤務形態を2シフト制にして教員の負担軽減を図り、部活動を学校に残すというのも、検討の余地が十分にあるでしょう。

ただそうは言いながらも、現状の情勢を考えれば「部活動のために教員を増やす」という案が採用される見込みはないに等しいかもしれません。こうしたこともあって議論されているのが部活動を地域のスポーツクラブ等に移行する措置です。2021（令和3）年度から「地域運動部活動推進事業」として2億円を計上するなどして、モデル事業が進められています。

実際に、地域移行がうまく進んでいるケースも現れはじめています。たとえば、長崎県長与町は、平日5日間のうち部活動を行うのは3日程度とし、その代わりに生徒たちは土日の2日間、地域スポーツクラブで活動しています。

指導者はスポーツ経験等のある地域の人材のほか、希望する教職員が兼職兼業する形で行っています。活動場所は学校の運動場や体育館などのほか、地域の公共施設なども使われています。参加費は月会費が3000円程度なので、保護者負担もさほど大きくはありません。結果として、教員の超過勤務も減ったとのことです。

また、東京都渋谷区は部活動の地域移行を目的として「一般社団法人渋谷ユナイテッド」を設立し、2021年から「シブヤ『部活動改革』プロジェクト」をスタートさせています。種目はサッカー、ボウリング、ダンス、パラスポーツ（ボッチャ）、将棋、パソコン、硬式テニス、フェンシング、女子ラグビーの9種目があり、区内にある8校の中学生が参加しています。指導者や活動場所は、区に関係のある企業や団体と連携しながら確保しています。

部活動の地域移行は、こうした形で段階的に進められています。近年は少子化により1校では十分な活動ができない学校が、地域移行によって複数校の生徒が集まる形で活動を充実しているケースもあります。とはいえ、全国的に見ればまだ一握りにすぎません。それだけ地域移行を進めるのはむずかしく、次に挙げる課題をクリアしなければならないということもあります。

第一の課題は、指導者や活動場所の確保です。地域によっては、まったく指導者が見当たらない可能性もあります。そうなると、子どもが参加できる部活動が限られてしまうでしょう。

第二の課題は、保護者負担です。負担額が大きくなれば保護者の理解を得られたとしても、経済的事情により参加できない子どもが出てしまう可能性があります。

こうした課題が、部活動の地域移行を妨げているといえます。スポーツ庁と文化庁は当初、2023〜2025年度の3年間を「集中改革期間」としていましたが、2022年12月に策定した新しいガイドラインでは名称を「改革推進期間」に改めるなど、ややトーンダウンしています。これは、部活動という仕組みが全国津々浦々まで根づいていることの表れでもあります。

学校は長年部活動を実施し、保護者や地域住民もその恩恵を享受しつづけてきましたが、それは教員の膨大な「サービス残業」によって支えられてきたものです。この不条理とも言える状況が、教員を病気休職に追い込んだり、教員志望者が減少したりするといった事態を招いています。

現状のままであれば部活動指導を維持できないのは、火を見るよりも明らかです。地域移行がむずかしいのであれば、先述した2シフト制も含め、国レベルで抜本的な見直しを図らなくてはならない時期に来ているように思われます。

Question

43

「教員不足」の問題を打開する策にはなにが考えられるか

近年ではすっかり「教職＝ブラック」というイメージが広まってしまったように思います。教員採用試験の受験者が減少傾向にあるのも、こうしたイメージが影響を及ぼしていると考えて差し支えないでしょう。

２０２２（令和４）年度に行われた教員採用試験の総受験者数は12万９６３人で、10年前の２０１２（平成23）年度の18万９０２人と比較すると、実に３分の２程度まで減少しています。結果として競争倍率は下がり、特に小学校は倍率が２倍を切っている自治体が全体の約３分の１（22自治体）にのぼります。

この倍率低下という事実が、どんな状況を招いているかと言えば、大きく２つ指摘できます。

１つ目は「質」の問題です。倍率の低下により、以前は合格水準に届かなかった人も合格できる状況になっており、子どもと関係が築けないなど教員としての適性を欠く人が増えているのではないかという指摘もあります。

ただこの点は、統計調査等で明らかになったわけではなく、受験者が大学の教職課程で免許状を取得している事実を考えれば、「倍率低下＝質の低下」だと単純に決めつけることはできません。

深刻なのは2つ目の「量」の問題です。受験者の減少、倍率の低下により、全国の多くの学校で「教員不足」が起きている点です。

教育関係者ではない方にこの話をすると、「試験の倍率が1倍を切っているわけではないのに、なにが問題なの？」と聞かれることがあります。確かに、理屈としては倍率が1倍以上なら、欠員はすべて埋まり、いわゆる「定員割れ」は起こらないはずです。そうであるにもかかわらず、「教員不足」が起きてしまう……ここにはカラクリがあります。

かみ砕いて説明しましょう。

まず都道府県や政令都市ごとに行われている教員採用試験を落ちた人の多くは、臨時的任用教職員（常勤講師）という立場で任用され、教壇に立ちます。民間企業でいうところの契約社員（非正規）のようなものです。つまり、雇用契約期間の定められた労働者という立場で雇用されるわけですが、与えられる業務は正規教員とほぼ同じです。

小学校であれば担任を務め、中学校や高校であれば教科の授業はもちろん、部活動顧問なども任されます。そうでありながら、正規教員よりも待遇面で劣っている部分が多く、国が推進する「同一賃金同一労働」の観点から見ても、望ましい状況だとは言えません。このことは学校の外側からはわからないため、児童・生徒や保護者はそのことを知らないケースも多いと思われます。

現在、多くの自治体は教職員のうち1～2割を臨時的任用教職員として任用しています。これは、将来的に子どもの数が減少した際などに、（解雇という形ではなく、契約期間満了という形で段階的に）教職員の数を減らすための調整弁として、このような雇用体系を取っているのです。

こうした措置はいまにはじまったことではなく、どの自治体も昔から行いつづけていることです。つまり、合格者を正規教員として任用しつつ（定員を確保しつつ）、不合格者のなかから一定数を臨時的任用教職員として任用する（定員を超える人員を非正規として雇用しておくことで欠員を補充する）わけです。

ところが、教員採用試験の倍率が低下して不合格者の数が想定していた以上に減ってしまったことで、欠員を埋めるのがままならなくなったということです。これが、定員割れをしていないにもかかわらず、教員不足が起こってしまうメカニズムなのです。

この状況を改善するために、文部科学省もさまざまな施策を打ってきました。その一つが、教師という職業についてSNSなどで発信する「教師のバトンプロジェクト」です。「#教師のバトン」というハッシュタグをつけて、教員という職業の魅力的な瞬間などを現職教員にツイートしてもらうというキャンペーンでした。

ところが、この「教師のバトン」に対しては、「業務負担の軽減や待遇改善が図られないまま、魅力を広めてほしいとは何ごとか」と、全国各地の教員から一斉に反発の声が上がりました。結果として「#教師のバトン」のハッシュタグは、教職の過酷さや不条理さをツイートするタグとして使われるなど、まったくの逆効果となってしまいました。

その傍ら、文部科学省では教員採用試験の日程の早期化も各自治体に促しました。その結果、2024（令和6）年度はいくつかの自治体が1次試験の日程を1カ月ほど前倒しし、早い自治体は8月上旬に合格者を発表しました。また、多くの自治体が大学3年生を対象に1次試験を実施し、通過者は翌年度、2次試験から受けられるようにしました。いずれも、民間企業の就職活動に対抗し、受験者を早期に囲い込むための対策です。

とはいえ、これらの対策はいずれも問題の起き得る対症療法にすぎません。実際、2024年度の教員採用試験では、高知県で小学校の合格者の実に7割以上が辞退し、大きく報道されました。日程を早めた結果、他の自治体を第一志望とする受験者が「お試し受験」をしたのが主たる原因です。結局のところ、小手先の対症療法では自治体間で人材を奪い合う構図に陥るだけです。つまり、右に挙げた例からもわかるように、原因療法として教員の業務量を適正化しない限り、教員不足は解消されないということです。

とはいえ、教員の業務負担を減らし、職業的なイメージを改善させるには、少なくとも4～5年はかかります。そこから志望者増につなげられるようになるまでは、さらに数年がかかるでしょう。その間、なんの手も打たなければ、教員不足は解消されるどころか、より深刻さを増してしまいかねません。やはり、業務負担軽減は一刻を争う状況だと言えます。

現実的な改善策の一つは、（「質」の問題は確かにあるのですが、現状）正規教員の数を増やして「非正規率」を下げ、非正規教員の離職を減らすことです。加えて、正規教員であっても条件附採用ですから1年で教職の道を諦めてしまうことのないような手立ても講じ、教員数を確保しつつ欠員数を減らすことができれば、教員不足問題もある程度は改善されるでしょう。

とはいえ、将来的な少子化を見据えれば、各自治体が一定の割合を非正規教員として雇用しておきたいと考えるのは理解できます。

この問題を根本的に改善するもう一つの方法は、義務教育費国庫負担法を改正し、平成18年以前の状態に戻すことが考えられます。

２００５（平成17）年度まで教員の給与は、国が2分の1を負担していましたが、小泉内閣のもとで進められた「三位一体改革」により3分の1に引き下げられました。特筆すべきは、この時期を境として（２０１０年前後から）どの各自治体においても臨時的任用教員を増やすようになり、教員の非正規率が上昇していったという経緯がある点です。

また、教員の魅力を高めるという点で言えば、業務量の適正化は大前提となるものの、それだけでは足らないはずです。「指導者」から「伴走者」へ、「ティーチャー」から「コーディネーター」へと教員としての役割を移行しながら、これからの時代を豊かに生きていける学びを実現する授業を行える環境が整ってこそ、どの教員も教育に対する情熱を燃やし、高いモチベーションをもってさまざまな教育活動にチャレンジできるのだと思います。そうなれば、自然と世間の目も変わり、教員が魅力ある職業だとみなされるようになるのではないでしょうか。

Question
44
激増する「不登校」問題とどのように向き合えばよいか

ここ数年、不登校の児童・生徒数は猛烈な勢いで増加しています。なにも知らない人がその状況を示すグラフを見たら、いったいなにが起きているのかと驚愕するでしょう。それくらいここ数年の増加はすさまじいものがあります。

文部科学省が毎年度実施している「児童生徒の問題行動・不登校等生徒指導上の諸課題に関する調査」によると、不登校の小・中学生の割合は長年1・0〜1・2％の間で推移してきました。ところが、2015年ごろから急激に増加し、2023（令和5）年度は3・72％にのぼりました。わずか8年で3倍以上も増えた計算になります。

その背景にコロナ禍の影響があると指摘する人もいますが、増加がはじまった時期を考えると説明がつきません。コロナ禍による影響もあるにせよ、スマホなどの機器の普及、貧困問題など、複合的な要因が絡んでいるものと推察されます。

こうした状況を問題視し、早期の学校復帰に向けて対応策を講じるというのが、かつての不登校対応のあり方でした。しかし昨今は風向きが変わってきています。学校復帰を優先するのではなく、当事者の将来的な自立を見据えて支援することに軸足が置かれるようになってきたのです。

そうした方針を法律レベルでも明記したのが、２０１６年に制定された「教育機会確保法」です。この法律は、不登校児童・生徒の教育機会を確保するため、国や自治体に対して組織的・継続的な支援を求めています。法律の条文を通して読んでも、不登校を問題行動としてとらえ、無理にでも登校させるようなスタンスを匂わす文言は見当たりません。

このように現在では、学校復帰を目指す対応は改められています。実際、従来の適応指導教室だけでなく、フリースクール等に通っている場合やデジタル端末等を活用して学習しているような場合も、一定の条件を満たせば指導要録上「出席扱い」にできるようにもなりました。

また、不登校児童・生徒が通うための機関の整備も進められつつあります。その一つが、（[Question 29]で解説した）「学びの多様化学校」で、全国に35校が設置されています（２０２４年度時点）。

学びの多様化学校は、通常の小・中学校とは異なり、（学習指導要領の定めによらない）「特別の教育課程」を編成することが認められています（学教法施行規則第56条）。理由は、学校に適応することがむずかしい子どもたちに、通常学校と同じ量の学習内容を求めれば、再び登校できなくなる可能性があるからです。そのため、通常学校より学習内容が軽くなっており、一斉指導による集団での授業は少なく、ＩＣＴを活用した個別学習などが用いられています。

いずれも不登校という状況に配慮したものですが、こうした学校のあり方を聞いて、あることに気づいた人もいると思います。それは、学びの多様化学校こそ、次期学習指導要領が目指す新しい時代の学校像そのものなのではないかという点です。

「カリキュラム・オーバーロード」の解消に向けて授業における教科書の扱い方や授業時数を見直し、一斉講義形式の授業だけではなく個別学習を拡充して「個別最適な学び」を目指し、デジタル端末をフル活用しながら協働的に学び、子どもたちが社会で自立していける資質・能力の育成を図る。まさに、本書で紹介してきた実践の多くが、学びの多様化学校で試行されていると考えることもできるのです。

学びの多様化学校は当初、「不登校特例校」と呼ばれていましたが、2023年に改められ、現在の名称になっています。その背景には、「不登校児童生徒のための学校」という位置づけを変え、「独自の教育課程を編成できる学校」として位置づけたいという教育行政側の思惑があったように思えます。すなわち、「不登校児童のため」という旗印のもと、今後の学習指導要領のあり方を研究するため、大胆な教育課程を敷ける学校を設置したかのようにも見えます。

たとえば、岐阜市立草潤中学校（学びの多様化学校の一つとして2021年に開校）では、自宅からオンラインで授業を受講できるようにし、生徒に登校することを義務づけていません。また、校章や校歌、指定の制服や体操服もなく、担任も生徒が自ら選んで決めます。いずれも、「必要ならば生徒と一緒に考える」という方針を貫いています。

こうした学校の姿は、まさに「オルタナティブスクール」そのものです。日本にはいくつかのイエナプラン教育に基づく学校が設置され、ユニークな教育課程が編成されていますが、それらはいずれも「一条校」であることから、基本的に学習指導要領には準拠しています。その点、よりいっそう柔軟に特別の教育課程を編成できる学びの多様化学校のほうが、より革新的な学校教育のあり方を検証しているとも言えます。

不登校の増加を巡っては、「問題があるのは子どもではなく学校。時代に合わない学校を子どもが見限りはじめている」と指摘する識者もいます。確かに、10代でＩＴ系企業を立ち上げたり、ユーチューバーとして収益を上げたりする人たちを目の当たりにしている世代の子どもたちです。いまの学校に魅力を感じられなくなっているといった側面も否定できません。

そもそも近代学校制度は、明治維新後に富国強兵を目的として整備されたものです。それ以前は藩校や私塾、寺子屋こそあったものの、多くの人たちは実社会のなかで必要な資質・能力を身につけていました。さらに言えば、学校に通わなければ「怠学」「登校拒否」「不登校」などとレッテルを貼られるようになったのは、戦後復興を果たした後のたかだか70年の話にすぎません。

日本では、不登校になると子どもも保護者も精神的に追い詰められますが、こうした流れも踏まえ、少し俯瞰して眺めることが必要かもしれません。実際、中学校や高校にはほとんど行かなかった人が、自ら起業して社会生活を営むようになったという事例はいくつも存在します。

もちろん、学歴を重視する社会認識が改まったわけではありませんし、不登校状態から成人してもそのまま引きこもりつづけてしまう人もいます。しかしながら、「みんなと同じように学校に通わなくても、社会的に自立できる道がある」という事実にも向ける必要があるでしょう。

Question
45
教育課程と結びつけて考えたとき、「いじめ」の問題をどうとらえるべきか

今回の大臣諮問は、学習指導要領の改訂に向けてなされたものですから、「いじめ」に言及する記述は見られないのですが、2020年度から実施されている現行の学習指導要領においては、総則や特別活動に「いじめ」の防止に関する記述があります。それ以前の学習指導要領には見られなかったことを考慮すると、近年になっていじめ問題がより深刻さを増しているととらえられていることがわかります。

学校で起きるいじめが、社会問題としてクローズアップされたのは、1986（昭和61）年に東京都中野区で起きた中学2年生のいじめ自殺事件です。教員も加担したと言われる「葬式ごっこ」や、自殺した生徒が書き残した「生き地獄」という言葉がセンセーショナルに報じられ、「子どものいじめ」という問題が社会的に広く認知されました。

その後、1994（平成6）年には愛知県西尾市で中学2年生のいじめ自殺事件が起き、被害生徒が100万円を超える金銭を巻き上げられたことなどが大きく報じられました。このころから、国レベルで対策を講じる必要性が指摘されだしました。

その後、全国各地に配置されるようになったのが、スクールカウンセラー（SC）です。1995（平成7）年度に「心の専門家」として臨床心理士などを154校に配置したのを皮切りに、養成と配置が進められました。2022（令和4）年度現在の配置率は、小学校91・3％、中学校97・6％、高校93・8％にのぼります。

この配置率は（[Question 28]でも述べたように）「SCが常駐している学校の割合」ではありません。SCは一人で複数の学校をかけもちして巡回訪問している場合が多いからです。それによってどれだけの実効性があるかについては、配置率とは別の角度から検証する必要があります。

また、2011（平成23）年に滋賀県大津市で起きた中学2年生のいじめ自殺事件は、その後のいじめ対策に大きな影響を及ぼすことになります。

この事件では、教育委員会のずさんな対応が連日のように新聞やテレビで報道され、いじめ問題のみならず、教育行政の構造的な問題にまで批判が及んだこともあり、当時の安倍内閣が発足させた「教育再生実行会議」で議論され、第一次提言（2013年2月）では「いじめ対策の法制化」「道徳の教科化」が、第二次提言では「教育委員会制度等の見直し」（同年4月）が盛り込まれました。

この第一次提言を受けて、同年6月に公布されたのが「いじめ防止対策推進法」です。同法ではいじめの未然防止や対応のあり方について、国や自治体、学校が講じるべき措置が明記されました。また、子どもの生命や心身、財産等に重大な被害が生じた疑いがある場合を「重大事態」

とし、早期の調査と情報提供を自治体や学校に義務づけました。第一次提言からわずか半年後に法制化されるというのはきわめて異例で、当時の世論の高まりを受けてのものです。

また、この法律の制定と足並みをそろえる形で、国の調査ではいじめの発生件数ではなく、いじめの認知件数が調査されています。その数は２０１５年ごろから増加が顕著となり、２０２３（令和５）年度は全国で73万２５６８件にものぼっています。

また、いじめ問題にかかわっては、学習指導要領も一部改正され、「道徳の時間」が「特別の教科 道徳」となり、小学校では２０１８（平成30）年度から、中学校では２０１９（平成31）年度から実施されています。この実質的な教科化が「いじめ防止対策推進法」に比べて時間がかかったのは、検定教科書の編集・採択というプロセスを踏む必要があったからです。

その後、「特別の教科 道徳」は、２０２０（令和２）年度から実施されている現行学習指導要領にも引き継がれています。おそらく、次期学習指導要領においても現在とほぼ同じ内容・時数で引き継がれるのではないかと予想しています。

いじめ防止という点で、道徳教育が果たせる役割はあるとは思いますが、それだけでいじめがなくなるわけではありません。いじめ防止に向けては、日ごろの学級経営や特別活動、ワークショップの開催など多面的な取り組みが必要となります。

一方、日々の授業もいじめ防止と密接なかかわりがあります。たとえば、東京都はいじめ防止の取り組みの一つとして「魅力ある授業づくり」を掲げており、「子供たち同士が話し合い学び合う授業などを通して、子供同士が互いのよさを認め合えるようにする」と記述しています。

つまり、現行学習指導要領が掲げる「主体的・対話的で深い学び」を実現することが、いじめ防止につながるということです。これが確かであるとすれば、次期学習指導要領が目指そうしている教育は、いじめ防止の面でも効果を期待できるということになります。

なお、いじめの認知件数そのものは増加しつづけているのですが、実数が増えているかについては定かではありません。近年はより厳密に認知が行われるようになっているからです。ただそうは言っても、いじめ防止対策推進法が定める「重大事態」は年々増えており、２０２２（令和４）年度は全国で９２３件と、５年前の４７２件から2倍近く増えています。

この「重大事態」についても、認定が積極的に行われるようになったことが背景にあると思いますが、問題が深刻化していることは間違いないでしょう。こうした状況を受け、文部科学省の有識者会議は、２０１７（平成29）年に策定した「いじめの重大事態の調査に関するガイドライン」を改訂し、２０２４（令和６）年8月に公表したところです。

いまや小学生もスマートフォンを所持し、子ども同士でグループＬＩＮＥをつくり、頻繁にやり取りするなど、日常的にＳＮＳを利用する時代です。そうした空間では、いわゆる「同調圧力」が働きやすく、そこからはみ出るといじめに発展するというパターンも少なからず存在するようです。こうした事案については学校が直接的に防ぐことはできませんから、家庭や地域社会がイニシアティブをとって学校にも働きかけながら対応策を講じる必要があると考えます。

Question

46

「次期学習指導要領」と「教師の資質能力」への大臣諮問が同時になされたのはなぜか

第3章では、これからの時代を生きる人材育成に向けて必要な施策や取り組みなどを述べてきましたが、これらはあくまでも仕組みやシステムにすぎず、整備さえすれば成果を得られるわけではありません。目に見える形で具体的な成果を出せる主体は、教員にほかならないからです。厳しい言い方をすれば、教員が旧来型の「指導観」「授業観」から抜け出さない限り、いくらシステムを刷新したとしても改革は絵に描いた餅と化すことでしょう。

では、これからはどのような「指導観」「授業観」であればよいのでしょうか。その点について具体的に提起しているのが、中央教育審議会答申「『令和の日本型学校教育』を担う教師の養成・採用・研修等の在り方について」（2022〈令和4〉年12月）です。

この答申は前年の2021（令和3）年1月に出された、「令和の日本型学校教育」答申を土台としています。「個別最適な学び」や「協働的な学び」の実現に向けて必要な教師の資質能力を定義し、そのために必要な養成・採用・研修のあり方をまとめたものだと言えます。

「令和の日本型学校教育」答申で挙げられた教員の資質能力の一つが「子供の主体的な学びを支

援する伴走者としての能力」です。「伴走者」という言葉を使ったのは、「教え導く」「統率する」教師像との対比を強調するためだと考えられます。

加えて、答申では「多様な専門性を有する質の高い教職員集団の形成」を掲げています。現状、教員の多くは大学の教員養成課程を経て「普通免許状」を取得し、各自治体が実施する教員採用試験を「一般選考」で合格した人たちです。この「普通免許状」「一般選考」という道だけでなく、異なるキャリアを歩んできた人材を教員として採用することで、「教職員集団の多様化」を図るべきだと述べているわけです。そのための施策として、教員ではない社会人を学校現場に迎え入れるために「特別免許状」を授与し、「特例選考」で積極的に採用する方針を盛り込んでいます。

この答申に先立ち、政府は教育公務員特例法と教育職員免許法を改正し、社会人を対象とする教職特別課程について修業年限を弾力化する改正を行っています（2022年5月）。この改正により、社会人が休日や夜間を使い、働きながら教員免許を取得できるようになりました。

社会人を積極的に取り入れることで「組織としてのレジリエンス」を高めることを答申は指摘しています。この「レジリエンス」とは「復元力」「立ち直る力」のことで、不測の事態が生じた場合に対応・克服する力を指します。たとえば、校内でトラブルが生じた際、さまざまな経験をもつ教員が校内にいれば、多面的に対応策を講じることができるというわけです。

現実的なことを言えば、社会人の登用は（［Question 43］で解説した）「教員不足」を解消する方策の一つともなります。つまり、「特別免許状の発行」にせよ「修業年限の弾力化」にせよ、民間企業等から教員になる人を引き入れることを意図しているわけです。また答申は、大学在学中に教員を志すようになった人が最短2年で免許状を取得できる仕組みの創設も提言しており、これもまた教員志望者を増やすための方策だと言えるでしょう。

いずれの施策も、「教員免許状の取得」と「採用選考の合格」という二つのハードルを引き下げ、教員志望者を増やすことを意図しているわけですが、これまでも教員免許更新制の廃止や特別免許状授与指針の改訂などが行われてきました。

こうした施策に対しては、「免許制度の根幹が揺らぐのではないか」「教員の質が下がるのではないか」といった声が一部からあがっています。それも無理からぬことかもしれません。たとえば、医者が足りないからという理由で医師免許を取りやすくすれば世間から批判を浴びることでしょう。「それなのに、教員ならば許されるのか」といった受け止めなのでしょう。

そもそも考えなければならないのは、「令和型」の学びを実現するうえで、現状の教員養成システムは機能し得るのかという点です。確かにこれまでも、大学の教職課程は、道徳教育の教科化、ICTを活用した指導法、小学校での英語の教科化、「主体的・対話的で深い学び」の視点からの授業改善など、学校現場のさまざまな課題を踏まえ、改善・改良が重ねられてきました。

しかし、「子ども観」「学習観」「指導観」「授業観」という点ではどうでしょう。いまも「一斉指導」による知識（及び技能）の教授を前提としたシラバスになってはいないでしょうか。もしそうであるならば、（どれだけ現代的な教育課題に精通できても）かつて自分が受けた旧来の指導観に基づいて授業を再生産するような教員を養成しつづけていくことになります。裏を返せば、問われるべきは、授業改善の視点である「主体的・対話的で深い学び」を実現し、子どもたちの学びが「協働的」で「個別最適」となるために必要な「観」を養える養成システムになっているかでしょう。

こうした認識があるからこそ、次期学習指導要領改訂に係る諮問と抱き合わせで、「多様な専門性を有する質の高い教職員集団の形成を加速するための方策について」諮問されたのだと思われます。端的に言えば、次期学習指導要領の議論と連動させるためです。加えて、（前述した）2022年の答申からまだ2年しか経っていないなかで、同様の課題について再び諮問されたのは、これまで講じてきた施策等では不十分との認識があるとも考えられます。

次期学習指導要領が目指す学びの変革は、知識及び技能を重視した従来型の学校教育を改め、問題発見・解決力や論理的思考力などを重視したものへと転換を図るものです。そのためには、教育課程編成から授業の内容、方法に至るまで、抜本的な改革が求められるでしょう。それと並行して、そうした学びを支える教員の養成システムについても、大学の教職課程や教員免許制度といった骨組みの部分から見直していく必要があると考えられます。

「教育課程」と「教員の養成・採用・研修」の二つの諮問が同時になされたのははじめてのことで、これも教育システムを根本から問い直そうとする強い決意ではないかと筆者はとらえています。

Question

47

外国人児童・生徒が増加しつづけている状況とどう向き合えばよいか

近年「日本社会が多様化している」という言葉をよく耳にするようになりました。ただ、「実際にどのくらい多様化（または多国籍化）しているか」となると、正確に把握している人は多くないように思います。実際のところ、日本に在留する外国人の数は、どのくらい増えているのでしょうか。

法務省の外局である出入国在留管理庁によると、２０２３年末時点の在留外国人数は３４１万９９２人にのぼり、過去最高を記録しています。２０１３年末時点では２０６万６４４５人だったことを考えると、この10年で実に１・５倍に増えたことになります。

国別に見ると、中国の82万１８３８人が最も多く、ベトナム（56万５０２６人）、韓国（41万１５６人）、フィリピン（32万２０４６人）、ブラジル（21万１８４０人）とつづきます。欧米ではアメリカが６万３４０８人、イギリスが１万９９０９人となっていますが、全体から見れば１～２％にすぎません。こうして見ても、日本の多様化・多国籍化はアジア各国からの在留者によるところが大きいことがわかります。

都道府県別では、東京、愛知、大阪、神奈川、埼玉、千葉の順に多くなっており、この6都府県で全体の約6割を占め、半分以上の道府県は1％にも達していません。すなわち、一口に「多様化・多国籍化」といっても、地域によって大きな差があるということです。こうした状況は、今後の教育施策を見通すうえでも念頭に置いておく必要がありそうです。

（［Question 03］述べたように）２０１９（平成31）年４月に出入国管理法が改正され、外国人労働者の確保のために新たな在留資格が創設されました。また、２０２４年６月には改正出入国管理・難民認定法が成立し、技能実習制度に代わって育成就労の受け入れが制度化されました。こうした流れから、今後も都市部を中心に、外国人の在留者は増えていくものと推察されます。

すでに前述した６都府県の一部の地域では、教室の多国籍化が著しく進んでいる学校もあります。そのなかには、日本語を話したり聞いたりする力が不十分なまま、授業に参加している子どももいます。

文部科学省の調査によると、公立学校において日本語指導が必要な児童・生徒数は、２０２３（令和５）年度時点で６万９１２３人にのぼります。２０１２（平成24）年時点では３万３１８４人だったことを考えると、この10年の間に2倍以上も増加したことになります。

課題は言語面だけではありません。たとえば、イスラム教圏の子どもであれば、宗教的理由から口にしてはいけない食事も多く、学校給食の調整が必要なケースもあります。また、同じく宗教的な理由から、水泳等の活動に参加できない子どももいます。同じ国から来た子どもであっても、たとえばフィリピン人であれば使用言語が英語だったりタガログ語だったりすることもあります。

このように、在籍する児童・生徒の国籍、言語、宗教などによってケースバイケースの対応が学校に求められます。そのため、現場の教員が対応に苦慮していたり、子どもが集団に適応できなかったりすることも少なくありません。

こうした状況を受け、文部科学省もさまざまな対応策を講じてきました。２０１４（平成26）年には外国人児童・生徒が在籍する学校で「特別の教育課程」を編成・実施することを認める制度改正を行い、外国人児童・生徒の日本語力が十分でない場合は、実際よりも下の学年の内容を教えることなどを可能にしました。文部科学省の調査では、２０２１（令和３）年時点で外国籍の児童・生徒の73・５％が、「特別の教育課程」により日本語指導を受けていると言います。

また、２０１９（平成31）年３月には「外国人児童生徒受入れの手引き（改訂版）」を公表し、学校管理職、日本語担当教師、担任などに必要となる対応方法を示しています。また、教育委員会に対しても、編入学時の注意点などを示しています。

さらに、２０２０（令和２）年３月には外国人児童生徒等の教育の充実に関する有識者会議が報告書を公表しています。この報告書では、日本語教師の積極的な活用、ＩＣＴの活用などの方策を示したほか、教育委員会と住民基本台帳担当部局との連携により、外国人不就学者の解消を目指すことも方針として盛り込んでいます。

このように国が外国人児童・生徒への対応に力を入れているのは、「共生社会」「誰一人取り残さない社会」などの理念やスローガンに基づく「配慮」という側面だけではありません。むしろ日本社会の維持・発展という観点からも意義を見いだすことができます。

最も現実的な意義としては、（[Question 02]でも述べた）日本社会の人手不足解消が挙げられます。少子高齢化に伴う生産年齢人口の減少は、さまざまな業界で人手不足を引き起こしています。以前から介護・医療分野では人手不足が深刻でしたが、昨今では建設業界の作業員不足、運輸業界のドライバー不足などが顕著になっており、外国人労働者の受け入れによって改善を図る動きが加速しています。今後もそうした状況はつづく見込みで、外国人児童・生徒に対する学習保障は、将来的な労働力の確保という点でも必要ととらえられていると考えられます。

外国人児童・生徒を受け入れることのもう一つの大きな意義は、子どもたちの「多様性を受容する力」を高める可能性がある点です。

今回の大臣諮問では「多様な他者と、当事者意識を持った対話により問題を発見・解決できる『持続可能な社会の創り手』」という言葉が示され、多様な人々と協働しながら活躍できる人材の育成が目指されています。これは、外資系企業が日本に進出し、実社会が多国籍化する流れとも無関係ではありません。

こうした点を鑑みても、教室内に異なる文化・背景をもつ子どもが在籍していることの意義は大きなものがあります。同じ教室に中国や韓国、ベトナムから来た子どもがいれば、それぞれの国の文化や生活習慣などについて学ぶことができ、英語を公用語とする国の子どもがいれば、外国語でコミュニケーションを図る機会を意図的につくることもできるでしょう。このように教室が多様化・多国籍化すれば、子どもたちの視野を広げられる可能性があるのです。

「外国人児童・生徒の増加」と聞くと、多くの教育関係者は「課題だ」ととらえ、対応や配慮などの視点でとらえがちです。しかし、先述したように次期学習指導要領が育成を目指す資質・能力を見据えれば、むしろプラスに作用する「好機だ」ととらえることもできます。そうした考えに基づき、外国人児童・生徒を積極的に受け入れ、不就学者を可能な限りなくし、学習指導の充実を図っていくことが教育関係者に求められるようになったのだといえるでしょう。

Question

48

「子どもの貧困」をめぐる現状はどうなっているか

日本で「子どもの貧困」という言葉が頻繁に使われるようになったのは、2010年代に入ってからのことです。それ以前は「貧困」というと、ホームレスや生活保護を受けているなど、その日に食べるご飯にも困っている人の困窮状態を示す言葉として使われてきたように思います。

この「貧困」に「子どもの」という言葉をつけてフォーカスしたのは、貧困や格差の研究者である阿部彩氏（現・東京都立大学教授）でした。阿部氏が著書『子どもの貧困　日本の不公平を考える』を上梓したことを契機として広く使われるようになり、2013（平成25）年には子どもの貧困対策の推進に関する法律が成立するに至ります。現在はこの法律に基づき、政府が「子どもの貧困対策に関する大綱」を策定してさまざまな施策を展開しています。

ただ、この言葉を最初に聞いたとき、なぜ「子どもの」という言葉をあえてつける必要があったのかと、疑問に感じた人もいたのではないでしょうか。「子どもの貧困は親の貧困によって起こる現象なのだから、これまで言われてきた貧困となにが違うのか」と。

この点について阿部氏は、次のように述べています。

「バブルが崩壊し経済の低迷が続いていましたが、『一億総中流』意識は根強く、日本に貧困問題があるということが理解されない。『大人の貧困』には自己責任論がつきまとう。これを突破するにはどうしたらいいのかと考えて、行き着いたのが『子どもの貧困』だった」（連合ダイジェスト「ホンキで『子どもの貧困』対策を」より引用）。

日本経済は戦後、高度経済成長を迎えた後、１９８０年代後半まで（多少の浮き沈みはあったものの）発展しつづけてきました。しかし、そうした状況もバブル崩壊とともに終焉し、現在も経済は低迷したままです。その間、企業は非正規労働者を増やしたことで「ワーキングプア」と呼ばれる貧困層が生まれ、子どもの家庭環境に大きな影響を及ぼすことになります。２０２１年には「親ガチャ」という言葉が流行語大賞にノミネートされましたが、この言葉の登場は、かつて中産階級などと言われた一億総中流社会が、完全に消滅したことを象徴しているかのようです。

では、子どもの貧困のなにが問題なのでしょうか。教育的な観点から言えば、経済的事情による進学の断念が挙げられます。大学に行きたくても家庭の懐事情で諦めざるを得ず、そのために職に就くものの生活が不安定になる。その結果として自身も貧困状態に陥る——そのようにして「貧困の連鎖」が生まれて格差が再生産され、さらに広がってしまう…。

また、家庭に経済力がなければ、塾などに通うことができず、希望する大学への進学が阻まれる状況も考えられます。現状、東京大学をはじめとする難関大学に通う大学生は、比較的裕福な家庭で幼少期を過ごし、塾などにも通える環境にあったことなども指摘されています。

その一方で今後、（［Question 25］で述べたように）「総合型選抜」が主流になれば、経済格差が必ずしも教育格差に結びつかなくなると考える人もいるかもしれませんが、そう簡単な話ではありません。家庭に経済力がなければ、旅行をしたり、博物館などの文化施設を訪ねたりするといったことが困難です。そうした文化的体験の不足は、その子の非認知能力の育ちに少なからず影響を及ぼし、それがハンディキャップになってしまうこともあります。

つまり、「貧困の連鎖」や「教育格差の再生産」は、たとえ入試システムが大きく変わったとしても解消されるわけではないのです。実際、日本財団の調査によると、貧困層の子どもの「意欲」「自制心」「やり抜く力」などの非認知能力は、非貧困層の子どもよりも低いと言います。

こうした格差を少しでも解消しようと、政府が２０１５年にスタートさせたのが「こどもの未来応援国民運動」です。企業や個人から寄付を募って支援団体に資金を提供したり、企業と支援団体をマッチングしたり、子どもの貧困の国民的理解を促す広報活動を行ったりしています。

行政による経済面での支援策も、さまざまな形で講じられてきています。２０１９（令和元）年には、幼児教育の無償化が図られ、3歳から5歳まですべての子どもたちについて、幼稚園、保育所、認定こども園の利用料が無料となりました。また、高校についても「高等学校等就学支援金制度」がスタートし、２０１４（平成26）年度以降の入学者に対し、一定の所得要件を満たせば授業料の支援が受けられるようになっています。

食事面についてもさまざまな支援が広がりはじめています。東京都大田区ではじまった「子ども食堂」は、栄養が十分に摂れていない子どもに対して低料金または無料で食事を提供しており、そのネットワークは全国に広がっています。また、学校給食を無償化する動きも広がり、1794自治体中775自治体が、自主財源等から給食費を拠出しています（2023年度時点）。

ここでもう一つ挙げておきたい課題があります。それは奨学金制度です。現状の貸与型の奨学金制度は、就職する際には全員が正社員として採用され、その後は年齢と共に給与が上がっていくことを前提にした建つけです。しかし現在では、正社員になれても給料が思うように上がらなかったり、非正規として働かざるを得なかったりして、経済的に不安定な生活を余儀なくされ、数年後には多額の奨学金の返済に行き詰まってしまう人たちが少なくないのです。

それに対して近年、日本学生支援機構（JASSO）が給付型の奨学金制度を創設するといった動きもありますが、雇用が不安定な現在の社会状況を鑑みれば、さらなる支援策が必要でしょう。

2021（令和3）年度における日本の子どもの相対的貧困率は11・5％で、約8人に1人が貧困状態にあることから、単純計算で100万人以上の小・中学生が、経済的事情で十分な教育機会を得られないリスクを抱えていることになります。

本書では、次期学習指導要領が目指す学びの変革について述べてきましたが、子どもによって学びのスタート地点に差があるようでは、幸せで豊かな未来予想図を描くことはできません。子どもたちの学ぶ内容、学び方などを改善していくのとは別に、今後ともさまざまな支援策を国として講じていかなければならないと考えます。

Question 49

これからの「地域との連携・協働」をどのように進めていくべきか

現行の学習指導要領が志向する「社会に開かれた教育課程」を実現するには、学校が社会とつながり、地域の資源等を有効活用できるようにすることが必要です。これは次期学習指導要領においても引き継がれる事柄であり、地域との連携・協働は重要課題の一つです。

他方、いま現在、学校がどれだけ地域に開かれているかと言えば、「けっして十分とは言えない」と多くの関係者が指摘しています。なかにはいまも、「地域にとやかく言われたくない」「学校教育は学校のなかだけで完結させたい」と考えている人も少なからずいるようですから、いかにして意識改革を図っていけるかが鍵を握りそうです。

ここではまず、これまで地域との連携・協働はどのように行われてきたのかについて、経緯を整理しておきたいと思います。

平成に入ったくらいのころから、日本の教育界では「開かれた学校づくり」という言葉がしきりに使われるようになりました。学校が保有する情報を地域に発信・開示し、地域の声を学校の運営に生かすというものです。これは当時、国をはじめとして行政等公的機関全般に対して、「説明責任」（アカウンタビリティ）を果たすことが求められるようになった時期と重なります。

そのようにして生まれた制度の一つが、学校評議員制度です。中央教育審議会答申「今後の地方教育行政の在り方について」（１９９８〈平成10〉年）を受けて制度化されたもので、２０００（平成12）年度から施行されました。

学校評議員とは、校長の求めに応じて意見を述べる、いわば学校のアドバイザー的な役職です。法的根拠のある制度のもとで、「地域の声を学校教育に反映する」ことができるようになった最初の制度だと言えます。

他方、学校評議員は法令上、必置ではなかったことや、校長から求められたときだけ意見を言う制度であったことから、学校の説明責任を果たすまでには至りませんでした。こうした状況もあり、学校設置基準第２条において次のように定められました（２００２〈平成14〉年）。この時点ではあくまでも努力義務ですが、いわゆる「学校評価制度」のはじまりです。

「小学校は、その教育水準の向上を図り、当該小学校の目的を実現するため、当該小学校の教育活動その他の学校運営の状況について自ら点検及び評価を行い、その結果を公表するよう努めるものとする」（幼稚園、中学校、高等学校においても、当該学校設置基準に同様の規定が置かれました）

その後、学校教育法施行規則等が改正され（２００７〈平成19〉年）、自己評価の実施と公表が義務づけられます（学校関係者評価の実施と公表については努力義務。また、この法整備によって、学校設置基準に定められた関係規定は削除されました）。翌年には高等学校にも適用され、学校評価は小学校から高校まですべての学校で行われるようになったわけです。

また、こうした動きとは別に、2000年前後から地域人材を学校教育に活用する動きも各地で出はじめます。その走りとなったのは東京都三鷹市立三鷹第四小学校で、保護者や地域住民が教育ボランティアとして学校に入り、授業支援や環境整備に参加するようになります。加えて、学校への支援をより組織化するために、地域住民が中心となって「夢育支援ネットワーク」という組織を設置し、2003（平成15）年にはNPO法人となりました。

この三鷹市立第四小学校の動きに呼応するように、学校をサポートするボランティア組織が全国各地に設置され、埼玉県志木市立志木小学校や福岡市立博多小学校のように地域融合型の校舎をもつ学校も出はじめました。

こうして学校と地域の連携・協働が躍動感をもって進もうとしていた矢先の2001（平成13）年、大阪教育大学附属池田小学校で凄惨な事件が起きたことで、校門を閉めるなどセキュリティを強化し、どの学校においても物理的に学校を閉じざるを得なくなります。このように2000年代初頭は、「開かれた学校づくり」をめぐり、学校も地域も難題を抱えた時期であったように思います。

その後、2004（平成16）年になると、制度的な面で最も大きな変化が訪れます。それが「コミュニティ・スクール」（地教行法第47条の5）です。学校・保護者・地域住民から成る学校運営協議会が置かれ、校長の学校運営方針等に対して意見を述べられるなど、学校経営に参画できるようになったのです。

しかしながら、制度が創設されて間もないころは、学校を困惑させるような提案が地域住民からもちこまれるなど、双方の間に軋轢を生んでしまうケースもありました。また一部の自治体では、行政主導で管下の全学校を一斉に指定したことで、意義や可能性を見いだせないまま意見交換する程度の運営にとどまってしまう学校も見られました。2021（令和3）年5月時点で、全国の約3分の1に当たる1万1856校がコミュニティ・スクールに指定されてはいますが、地域住民による学校運営参画がどれだけ機能しているかについては未知数な部分もあります。

学校と地域の連携を推し進めるもう一つの仕組みとして整備されたのが、「学校支援地域本部」です。これは、先述した三鷹市立第四小学校の「夢育支援ネットワーク」のように、学校を支援する地域組織を学校に設置するもので、国が予算をつける形で全国に広がりました。現在は、「地域学校協働本部」と名称を変え、授業や部活動の支援、学校の環境整備など、さまざまな形で学校を支援する活動が行われています。

学校と地域の連携・協働がもたらす効果は、「社会に開かれた教育課程」の実現だけにとどまりません。（『Question 40』でも述べたように）昨今は学校の役割が肥大化し、本来家庭や地域が担うべき役割まで背負い込んでいる実態を踏まえ、中央教育審議会が答申で示した「基本的には学校以外が担うべき業務」や「学校の業務だが、必ずしも教師が担う必要のない業務」を地域に任せていくうえでも、学校に学校運営協議会や地域学校協働本部が置かれていることのメリットは大きいといえるでしょう。

また、地域学校協働本部が置かれた学校では、放課後の学習支援や体験活動などを行っているケースもあります。このようにして地域全体で子どもの成長を支えていける仕組みが構築されれば、（［Question 48］で解説した）子ども間の教育格差が、これまで以上に広がることを抑止してくれるかもしれません。

コミュニティ・スクールについては、国が「全国に1万校」という数値目標を掲げ、行政によるトップダウンで指定が進められてきた関係上、（前述したように）一部では取り組みが形骸化している学校があるのも確かです。

しかしながら、新しい制度や仕組みは、整備されればすぐに機能するわけではなく、浸透するまでにはある程度の時間がかかるものです。たとえいまは意見交換の場にすぎなくても、教員のほうは管理職も含めて異動があるわけですから、地域との連携・協働で経験を積んだ教員がてこ入れをしてくれるようになるといったことはおおいにあると思います。また、地域のほうでキーパーソンが生まれるといったこともあるでしょう。

いずれにしても、現行学習指導要領が掲げる「社会に開かれた教育課程」を実現していくうえでも、教員の過重労働を改善していくうえでも、学校と地域の連携・協働は不可欠です。その意味でも、コミュニティ・スクールをいかに機能させていくかが今後の教育改革を成功させるためにも重要なポイントとなるでしょう。

Question

50

実効ある教育改革にするために「世間の理解と賛同」をどう得ていくか

本章では今次の教育改革を実効性のあるものにしていくうえで、乗り越えるべき壁について述べてきました。それら数ある壁のなかでも最も高くそそり立つもの、それが世間の理解と賛同であると筆者は考えています。文部科学省や中央教育審議会がどれだけ立派な未来予想図を描いたとしても、世間に受け入れられなければ、改革が進むどころか逆戻りする可能性すらあると考えるからです。

「そんな馬鹿な」「大げさな」と言う人がいるかもしれませんが、これまで日本の教育は振り子のように「系統主義」と「経験主義」の狭間を行ったり来たりしてきました。

たとえば、戦後間もない1950年前後には、進歩主義教育の影響を受けた学習方法に対する批判として「這いまわる経験主義だ」と世間からのバッシングを受けましたし、逆に1968年の学習指導要領では膨大な教育内容を盛り込んだところ、これに対して今度は「詰め込み教育だ」と世間からのバッシングを受けました。その後も「系統主義」に軸足を置こうとすれば「学歴偏重だ」「受験戦争だ」などと煽られ、「経験主義」に軸足を置こうとすれば「ゆとり教育だ」「学力が低下している」と批判されるなど、目指していたことと逆方向に巻き戻されれような力学が働いてきた歴史があるのです。

もう少し丁寧に見ていきましょう。

教育内容の3割削減を謳った学習指導要領が公示されたのは、1998（平成10）年のことです。削減の背景に「学校週5日制の完全実施」という社会的事情はあったものの、教育界で長らく「詰め込み教育」の弊害が指摘されてきたことも、教育内容の削減を図る大きな理由でした。

実を言うと、教育界で「ゆとり」という言葉が使われたのは、このときがはじめてではありません。1977（昭和52）年に告示された学習指導要領で目指されていたのが、「ゆとりある充実した学校生活の実現＝学習負担の適正化」という方向性でした。このときは「ゆとり」という言葉が公的に示されたにもかかわらず、世間的な批判というのはさほどなく、授業時数の削減は比較的スムーズに行われました。

それに対して、1998年告示の学習指導要領では「ゆとり」という言葉を使っていないにもかかわらず、公示後まもなくして世間から「ゆとり教育」のレッテルを貼られ、世間から批判的に見られるようになります（このときの「ゆとり」という表現は1996年の中教審答申に由来しますが、「ゆとり教育」という表現はどこにもありません）。むしろきっかけとなったのは、『分数ができない大学生』という一冊の本です。経済学者の西村和雄氏や数学者の岡部恒治氏によって1999（平成11）年に出されたこの本は、そのキャッチーなタイトルもあって、大きな話題を呼びました。

「小学生で学習する分数を習得できていない大学生が約2割もいる」という話は確かにセンセーショナルで、「そうした状況があるのにさらに学習内容を減らせば、日本人の学力は低下し、21世紀の日本は危うい」という論調は、世間から賛同の声を集めました。

そうしてマスコミ各社はこぞって、「学力低下」に警鐘を鳴らす報道を流しましたが、この時点で文部科学省の対応はいたって冷静で、方向転換を図ろうとする動きはありませんでした。

風向きが変わったのは2001（平成13）年に小泉内閣が発足し、元文部官僚の遠山敦子氏が文部科学大臣に就任したころからでした。2002（平成14）年1月には文部科学省から「確かな学力の向上のための2002アピール―学びのすすめ」が公表され、学習指導要領は「最低基準」であり、理解の進んでいる子に対しては、発展的な学習をしていくことなどが方針として示されました。

法令でも通知でも答申でもないこのアピール文が、学習指導要領の位置づけを定義したわけですから、考えてみたら恐ろしい話です。その約3か月後、改訂学習指導要領は実施されましたが、同時に「学力向上フロンティアスクール」事業がスタートするなど、新しい教育課程は矛盾をはらんだ状態で船出を迎えることになります。

「ゆとり教育」は本当に大丈夫なのか――そんな世間的疑念が渦巻くなか、2004（平成16）年にOECD（経済協力開発機構）が実施する国際学力調査（PISA調査）の結果が公表され、日本の順位が大きく下がったと報道されました。すると世間には「ほれ見たことか！」と言わんばかりに、猛烈な「ゆとり教育批判」が吹き荒れます（後に、この教育課程で学んだ世代は「学力が低い」「緩い環境で甘やかされている」などとして「ゆとり世代」というレッテルを貼られることになります）。

しかし、このＰＩＳＡ調査は２００３（平成15）年に実施されたものであり、新しい学習指導要領が全面実施されてからわずか1年後の調査結果です。このことを理性的に考えれば、改訂学習指導要領によって日本の順位が下がったというのは無理があります。

実際、２００４年の結果で日本の順位が大きく下がった理由を探ると、ＰＩＳＡ調査のうち読解力の問題形式に変更があり、「自分で考え、解決策を導き出す問題」（思考力を問う問題）が多数出題されるようになっています。つまり、この問題への対応力が弱かったために順位を落としたと分析できるのです。言い換えれば、「学力＝知識及び技能」が低下していたわけではなく、「学力＝知識及び技能」を活用する力が育っていなかったということです。

このように考えれば、１９９８（平成10）年に告示された学習指導要領において、「自ら課題を見付け、自ら学び、自ら考え、主体的に判断し、よりよく問題を解決する資質や能力を育てる」（当時の総則第3の2）ために創設された「総合的な学習の時間」の目指す方向性は、（少なくとも国際学力調査の文脈から考えれば）正しかったのです（「ゆとり世代」という言葉も、詰め込み教育のもとで結果を残してきた人たちがつけたスティグマだという見方もできます）。

要するに、日本の子どもたちは「自分で考え、解決策を導き出す」ことに課題があることがわかっていたから、そうした資質・能力を伸ばそうと改訂したにもかかわらず、世間の理解を得られなかったばかりに、世界の趨勢とは真逆の方向に舵を切らざるを得なかったというわけです。

その後、2008（平成20）年に告示された学習指導要領では、「総合的な学習の時間」の授業時数が削減され、主要教科を中心に授業時数が増やされました。そのため改革は完全にとん挫した……かのようにも見えますが、新たに「言語活動」を盛り込み、対話を通して学びを深める重要性が打ち出されます。

そうすることができたのも、前年の2007（平成19）年に学校教育法が大改正され、第30条第2項が置かれたことが大きいでしょう。この規定は当初「学力の三要素」と言われ、後に「資質・能力の三つの柱」にもつながっていきます。これは、当時の文科省が、次の次の改訂（つまり、現行の学習指導要領）のために打った布石であったと考えることができます。

その後は、みなさんもよくご存じのように、コンテンツベースからコンピテンシーベースの教育課程を編成できるようにするべく、現行の学習指導要領が告示されるに至ります。

このように紆余曲折を繰り返してきた文教施策ですが、筆者は必ずしもネガティブにとらえてはいません。たとえば、「総合的な学習の時間」にせよ、「思考力、判断力、表現力等」にせよ、多くの実践者が研究者と協働しながら、現場でのトライアル&エラーを繰り返しながら実践をつくり上げていったのであり、その過程でさまざまな研究成果を積み上げてきました。

つまり、改革が行きつ戻りつするなかにあっても光明を見いだし、一歩一歩進められてきたのが、わが国の学校現場における教育なのです。

幸いにして、現行の学習指導要領は大きな批判にさらされることもなく、現在まで来ています。それは「授業時数の削減」をしなかった点が大きいと考えられます。先の「ゆとり教育批判」のトラウマを抱える関係者にとっては、この授業時数に踏み込むことに相当の勇気がいることでしょう。

しかし、「カリキュラム・オーバーロード」や「ワーク・オーバーロード」などの課題解決が求められる現在、学習指導要領に規定する「内容」を減らすか、その「取扱い」を変えるか、教科書の使用義務（学校法第34条）の縛りを緩和するか、教科書の定義を変えるか、学校法施行規則別表に定める「年間標準授業時数」を減らすか、（1コマの授業時間も含め）その「取扱い」を変えるかなどが、次期学習指導要領改訂に向けて審議すべきミッションなのではないかと想像します。

そこに踏み込むためには、改革の足下をすくわれないよう、（中央教育審議会の審議を深めることと並行して）「いかにして世間からのバッシングを受けないようにするか」、さらに言えば「世間からの理解と賛同を得て、これからの学校教育に対する期待値を上げていくか」という点に立脚し、「次期学習指導要領はどのような可能性を秘めているか」「その可能性はどれだけ子どもたちの未来を明るく照らしてくれるか」を上手にアピールしていく必要があるのではないでしょうか。

〈引用・参考文献等〉

●東京学芸大学大森直樹研究室（２０２４）「標準時数の変遷に関する調査―結果と提言」（一般財団法人教育文化総合研究所）
●毎日新聞「なぜ学校は授業を減らせないのか 議論を『丸投げ』した文科省」（２０２４年12月25日付け）
●文部科学省「令和４年度教員勤務実態調査」（２０２３年４月）
●文部科学省「全国の学校における働き方改革事例集」（令和５年３月改訂版）
●青柳健隆（２０２２）「連載『部活動問題』の論点整理⑼ 地域移行以外の解決策試案」教育新聞
●スポーツ庁「【長崎県長与町】令和５年度地域スポーツクラブ活動体制整備事業（運動部活動の地域移行に向けた実証事業）」
●文部科学省「令和５年度（令和４年度実施）公立学校教員採用選考試験の実施状況について」（２０２４年12月）
●教育新聞「教採合格者の7割超が辞退 高知県の小学校教諭、併願影響」（２０２４年10月30日付け）
●山﨑洋介他編著（２０２３）『教員不足クライシス 非正規教員のリアルからせまる教育の危機』（旬報社）
●文部科学省「令和５年度児童生徒の問題行動・不登校等生徒指導上の諸課題に関する調査」
●朝日新聞ＥｄｕＡ「時間割も担任も生徒が決める 開校から３年『不登校の子のありのままを受け入れる』岐阜市立草潤中のいま」（２０２４年２月２日付け）
●文部科学省「学校保健統計調査（令和５年度）」
●教育再生実行会議「いじめの問題等への対応について（第一次提言）」（２０１３年２月）
●文部科学省「『令和の日本型学校教育』を担う教師の養成・採用・研修等の在り方について～『新たな教師の学びの姿』の実現と、多様な専門性を有する質の高い教職員集団の形成～（答申）」（２０２２年12月）

●文部科学省「教育公務員特例法及び教育職員免許法の一部を改正する法律等の施行について（通知）」（2022年6月）
●文部科学大臣「多様な専門性を有する質の高い教職員集団の形成を加速するための方策について（諮問）」（2024年12月25日）
●出入国在留管理庁「令和5年末現在における在留外国人数について」（2024年3月）
●文部科学省「日本語指導が必要な児童生徒の受入状況等に関する調査（令和5年度）」
●文部科学省「外国人児童生徒受入れの手引き（改訂版）」（2019年3月）
●連合ダイジェスト「ホンキで『子どもの貧困』対策を」（2017年9月）
●日本財団「家庭の経済格差と子どもの認知・非認知能力格差の関係分析」（2017年11月）
●文部科学省「学校給食に関する実態調査」（2024年6月）
●厚生労働省「2022（令和4）年 国民生活基礎調査」
●中央教育審議会「今後の地方教育行政の在り方について（答申）」（1989年12月）
●文部科学省「令和3年度コミュニティ・スクール及び地域学校協働活動実施状況調査について（概要）」
●岡部恒治 編（1999）『分数ができない大学生：21世紀の日本が危ない』（東洋経済新報社）

おわりに

日本の学校教育はどこに向かおうとしているのか――このタイトルで、教育ジャーナリストが書いている本と聞くと、日本の学校教育が「迷走」をしていて、それを批判・糾弾するような内容を期待した人もいるかもしれません。そうした方にとっては、全く期待外れの内容だったと思います。

いま、日本の学校教育は向かう先が明確になりつつあり、文部科学省もその実現に向けて動きだしています。そして、感度の高い一部の学校や教員は、そうした学びへと果敢にチャレンジをはじめています。「迷走」ではなく、それこそ「邁進」といった感じでしょう。

今回の大臣諮問が出たとき、一部のメディアはその内容を批判的に書きました。「前回と比べて、真新しさがない」「標準授業時数の減に触れていない」といった内容です。ここで勘違いしてほしくないのは、大臣諮問は中教審への審議を依頼するものであり、これが文教行政の方針を決めるものではないということです。

本格的な審議はこれからであり、批判をするならそのプロセスや成果物に対して行うべきでしょう。大臣諮問の方向性自体はけっして間違っていないし、中教審もきっと期待に応えるものを出してくれる。筆者はそう信じています。

筆者はこれまで、どちらかと言えば一般の人向けに、教育改革の姿を「わかりやすく」伝える書籍や記事を世に出してきました。それらと比較すると、今回の本はかなり学術的な知見が盛り込まれています。というのも、私自身の原稿に、編集担当の高木聡さんがさまざまな補足の情報や資料を加えてくださったからです。その意味で、今回の本は高木さんとの「合作」のようなものだと私自身は認識しています。本書には、教育系の書籍を長年にわたって手がけてこられたベテラン編集者の知見が、存分に盛り込まれていることを申し添えさせてください。

本書を出す一番の目的、それは教育改革の現在地を冷静かつ客観的に、多くの人たちに知ってもらいたかったからです。いま、多くの関係者は「本気」で学びの変革に挑んでいます。そんな姿を見てきたからこそ、かつての「ゆとり教育批判」のようなことだけは、絶対に起きてほしくないと考えています。メディアは国に批判的な記事ばかりを書いて大衆のルサンチマンを煽ったりせず、それこそ「エージェンシー」をもって「協働的」に、「教育はどうあるべきか」を議論していく必要があるでしょう。

これから本格化する中教審で実りある審議が行われ、学校教育に適切な改善が講じられることで、子どもたちが生き生きと学び、先生方がやりがいをもって働けるようになることを祈っています。

2025年3月吉日　教育ジャーナリスト　佐藤　明彦

佐藤 明彦（さとう あきひこ）

教育ジャーナリスト

1972年生。滋賀県出身、東北大学教育学部卒、大手出版社勤務を経てフリーの記者となり、2002年に編集・制作プロダクション・株式会社コンテクストを設立。

教育書の企画・編集に携わる傍ら、自身は教育分野の専門誌等に記事を寄稿。教員採用試験対策講座「ぷらすわん研修会」の事務局長、『月刊教員養成セミナー』元編集長を歴任。

主な著書『教育DXと変わり始めた学校―激動する公教育の現在地』（岩波書店、2024年）、『非正規教員の研究―「使い捨てられる教師たち」の知られざる実態』（時事通信社、2022年）『GIGAスクール・マネジメント―「ふつうの先生」がICTを「当たり前」に使う最先端自治体のやり方ぜんぶ見た。』（時事通信社、2021年）、『教育委員会が本気出したらスゴかった。―コロナ禍に2週間でオンライン授業を実現した熊本市の奇跡』（時事通信社、2020年）

日本の学校教育はどこに向かおうとしているのか
2030年の学習指導要領実施に向けた中教審諮問を徹底分析！

2025（令和7）年3月10日　初版第1刷発行
2025（令和7）年6月20日　初版第3刷発行

著　者　佐藤明彦
発行者　錦織圭之介
発行所　株式会社　東洋館出版社
〒101-0054　東京都千代田区神田錦町2-9-1
コンフォール安田ビル2階
代　表　TEL 03-6778-4343／FAX 03-5281-8091
営業部　TEL 03-6778-7278／FAX 03-5281-8092
振　替　00180-7-96823
URL　https://www.toyokan.co.jp
装　幀　中濱健治
印刷·製本　藤原印刷株式会社

ISBN978-4-491-05821-4　Printed in Japan